"双一流"研究生教学用书系列

法律职业伦理
——问题与思考

李瑜青　主　编
朱　晖　副主编

华东理工大学出版社
·上海·

图书在版编目(CIP)数据

法律职业伦理：问题与思考 / 李瑜青主编. —上海：华东理工大学出版社,2021.8
 ISBN 978-7-5628-6538-4

Ⅰ.①法… Ⅱ.①李… Ⅲ.①法伦理学-研究 Ⅳ.①D90-053

中国版本图书馆 CIP 数据核字(2021)第 129715 号

项目统筹 / 左金萍
责任编辑 / 左金萍
装帧设计 / 徐 蓉
出版发行 / 华东理工大学出版社有限公司
　　　　　　地址：上海市梅陇路 130 号,200237
　　　　　　电话：021-64250306
　　　　　　网址：www.ecustpress.cn
　　　　　　邮箱：zongbianban@ecustpress.cn
印　　刷 / 江苏凤凰数码印务有限公司
开　　本 / 787 mm×1092 mm　1/16
印　　张 / 10.75
字　　数 / 189 千字
版　　次 / 2021 年 8 月第 1 版
印　　次 / 2021 年 8 月第 1 次
定　　价 / 48.00 元

版权所有　侵权必究

前言
Foreword

　　法律职业伦理作为一门法学课程,对法律人的学习来说极为重要。作为一个法律人,只有当他在职业伦理的精神世界已足够的强大时,才真正可以挑得起法律人应当承担的职业重任。当然,这种学习不只是学习书本上的知识,更重要的是要经得起法律实践的磨炼。固然,一定法律的规则或原则都内含一定的伦理思想,但毕竟把法律职业这个伦理领域的全部内容予以提炼并进行叙述,这项工作要做得好就不容易。

　　目前,该领域的研究或者作为教程的建设存在不少问题。例如,如何在教学中做到理论与实际的生动结合;教学的过程中是否有明确的问题意识一直在进行引导;对话、争辩、多元的交流,以及正当思想的指导如何有机结合于教学中,以适合本课程教学内容的特点等。这样的思考,也推动了本人在为研究生讲授这门课程时的实践。可幸的是,不仅我的教学实践证明了我的判断的合理性,也得到了学界同仁好友的积极支持。本书体例的安排,就是要实现课程中教学过程的生动性、对话性,做到深入浅出、学以致用。当然,华东理工大学研究生院积极进行研究生课程的建设,也为本书的出版提供了机会。

　　我要感谢大连海洋大学朱晖教授、上海大学田先纲主任、上海杉达学院张玲博士等学者参与到本书的创作中。本书是合作团队集体劳动的成果。虽然疫情给我们的研究、创作工作带来不少的困难,但经过努力,我们在中国共产党诞生100周年之际献上了这部教材。本书绪论由李瑜青编写;第一章由李瑜青、田先纲编写;第二章、第三章、第四章由田先纲、李瑜青编写;第五章由张玲编写;第六章、第七章、第八章由朱晖编写。李瑜青对全书内容、结构做了具体设计安排,并承担了统稿、修稿工作,朱晖也承担了部分修稿工作。华东理工大学出版社编辑对本书的成稿付出了辛勤劳动,在此表示感谢!

李瑜青

2021年3月29日

目 录

绪论 ·· 1

第一章 问题的提出：为什么要重视法律职业伦理 ············· 14
一、法律职业及其特征 ··· 14
二、为什么要学习法律职业伦理 ··· 16

第二章 法律职业伦理的概念和渊源 ································· 19
一、法律职业伦理及其涉及的基本概念 ····································· 19
二、法律职业伦理学 ·· 21
三、法律职业伦理的渊源 ·· 24

第三章 法律职业伦理的要素、原则和规则 ······················· 27
一、法律职业伦理要素概述 ··· 27
二、法律职业伦理基本范畴 ··· 28
三、法律职业伦理原则 ··· 31
四、法律职业伦理规则 ··· 34

第四章 法律职业伦理的功能和实现方式 ·························· 38
一、法律职业伦理的功能 ·· 38
二、法律职业伦理实现的方式 ·· 39
三、法律职业责任及其追究 ··· 41

第五章　法官职业伦理 …… 42
一、影片《真水无香》的故事梗概及其讨论 …… 42
二、法院的职责安排及法官职业伦理 …… 46
三、法官的履职规范 …… 53
四、法官职业伦理的法律责任 …… 61
五、附件讨论与参考文件 …… 62

第六章　检察官职业伦理 …… 65
一、影片《好人寥寥》的故事梗概及其讨论 …… 65
二、检察机关的职责安排及检察官职业伦理 …… 74
三、检察官的履职规范 …… 81
四、附件讨论与参考文件 …… 91

第七章　律师职业伦理 …… 94
一、影片《辩护人》的故事梗概及其讨论 …… 94
二、律师的职业定位和职业伦理 …… 98
三、律师职业规范 …… 106
四、附件讨论与参考文件 …… 126

第八章　司法行政人员职业伦理 …… 130
一、影片《肖申克的救赎》的故事梗概及其讨论 …… 130
二、司法行政人员的职业定位 …… 135
三、司法行政人员的职业伦理 …… 141
四、司法行政人员的职业道德和规范 …… 145
五、附件讨论与参考文件 …… 160

绪　　论

　　本书的写作正值中国共产党成立100周年之际,在这样一个特殊的时刻,笔者在绪论中试图着重交流与本书有重要关联的几个学术性的问题,即如何理解在国家治理观上中国共产党的理论发展,如何说明德治对法治具有的重要价值,如何论证法律职业伦理对法律人所具有的特殊意义。

一

　　自中国共产党诞生以来,就如何治国,中国共产党人进行了卓有成效的探索。回顾党的法治思想的发展历史,笔者认为主要经历了由革命法制观、秩序法制观到治国方略法治观的转变。①

　　其一是革命法制观。从时间跨度上来说,即1921—1978年。革命法制观最初是中国共产党在武装夺取政权过程中所形成的认识,它服务于中国共产党为夺取政权而进行的政治斗争。但在中华人民共和国成立后"继续革命"的思维下,又成为一段时期主导的法制理念。其中心内涵是把法律作为阶级斗争或治理社会的工具。

　　崇尚阶级斗争法学理论是革命法制观的一大典型特征。阶级斗争法学理论可以说是从马克思、恩格斯、列宁的一些经典论述中推导出的。例如,马克思、恩格斯提出关于"法律是由统治者的共同利益所决定的意志的表现"②的论述;在揭示当时德国法律本质时,马克思指出,"你们的法不过是被奉为法律的你们这个阶级的意志,而这种意志的内容是由你们这个阶级的物质生活条件来决定的"③;列宁提出"法律就是取得胜利、掌

---

① 李瑜青,冯梦成.从革命法制观到治国方略法治观——中国共产党90年法治思想发展的探索[J].学术研究,2011(09):40-45.
② 马克思,恩格斯.马克思恩格斯全集:第三卷[M].北京:人民出版社,1960:378.
③ 马克思,恩格斯.马克思恩格斯选集:第一卷[M].北京:人民出版社,1977:268.

握政权的阶级的意志的表现"①的论述等,均成为重要的具有普遍指导意义的法学观点。因此,法律在我国被定义为"法律是反映统治阶级意志的,由国家制定或认可并以国家强制力保证并实施的行为规范的总和,是保护、巩固和发展有利于统治阶级的社会关系和社会秩序,实现阶级专政的工具。"阶级斗争的法学理论切合了当时战争年代急风暴雨式的阶级斗争环境。革命根据地的法律就特别强调了其鲜明的阶级属性和专政功能,但中华人民共和国成立后的一段时期,在阶级斗争法学理论的指导下,《中华人民共和国土地改革法》《中华人民共和国惩治反革命条例》等法律也都体现出了浓厚的统治阶级意志和阶级斗争色彩。

革命法制观将法律与政治治理紧密结合,视法律为阶级斗争或治理社会的工具,法律服从党和国家政治斗争的要求,是革命法制观的又一典型特征。"我们的法律是服从于政治的,没有离开政治而独立的法律。政治要求什么,法律就规定什么。"②"这种政治与法律之间的有机结合产生了一个独特的法律概念'政法',当然这不仅是一个概念,而且是一套学说,而且是一套组织机构,一套权力技术,一套成熟的法律实践。"③在革命根据地时期,法律就是与政治统治紧密结合在一起的。我们的法律和法令、条例、决议等,都是为适应战争环境和革命斗争需要而制定的,同时,党也依靠这些法律、法规来建立革命的秩序,巩固革命政权,并实现一定的政治目标。这一时期,"共产党的法律则首先关注于乡村层面上的政权建设,尤其是通过法律来实现对乡村的治理,因而实现共产党所提出的治理目标。"③对这一传统,董必武总结道:"我们党从井冈山革命政权的时候起,就有了自己的政法工作。人民的政法工作和军事工作、经济工作、文教工作一样,在党中央和毛主席的领导下,从民主革命到社会主义革命,逐步积累起丰富的经验,形成了自己的优良传统。这就是服从党的领导、贯彻群众路线、结合生产劳动,为党和国家的中心工作服务。"④中华人民共和国成立后,中国共产党人在"继续革命"思想的影响下,法制的建设又与运动紧密结合,并成了运动的工具。"我国法制的创立和实施大都经过群众运动来推动的。在运动中创造了法律,如《土地改革法》就是在轰轰烈烈的土地改革运动中创立起来的。《惩治贪污条例》也是在'三反'运动中订立下来的。"⑤同时,法律的实施更是靠运动的方式推动。"实施《婚姻法》开展了大规模的婚姻法实施

---

① 列宁.列宁全集:第十三卷[M].北京:人民出版社,1965:304.
② 王定国,王萍,吉世霖.谢觉哉论民主与法制[M].北京:法律出版社,1996:156.
③ 强世功.法制与治理——国家转型中的法律[M].北京:中国政法大学出版社,2003:123-135.
④ 董必武.董必武政治法律文集[M].北京:法律出版社,1986:545-546.
⑤ 蔡定剑.历史与变革——新中国法制建设的历程[M].北京:中国政法大学出版,1999:282-283.

运动;实施《土地改革法》靠土地改革运动;打击反革命犯罪活动靠镇压反革命运动;以司法改革运动来处理旧司法人员;以'三反五反'运动来打击贪污浪费犯罪行为;以普法运动来实施选举法。"① 对此董必武指出,"许多事都是以运动方式搞起来的,到目前为止,我们还在搞运动……肃清暗藏的反革命的运动正在进行,在社会方面镇压反革命运动也正在展开……运动促进、发展、提高了法制工作"。② 但是,由于运动本身具有很强的政治性,使法律不仅难以驾驭运动,而且充当了运动的工具,并实际在最后被政治所抛弃。"'通过运动的治理'可以说是一种'无法的治理',但正是这种'无法的治理'将'法律治理化'推向了极点,即'无法的治理'恰恰是'法无所不在的治理',这种法就是最原始的作为暴力的法,由此导致了'惩罚社会'的兴起以及'惩罚的弥散化'。"③

维护革命秩序,否认法制对权力的限制是革命法制观的另一典型特征。"十月革命一声炮响,给中国送来了马克思主义",而中国共产党人对马克思主义的理解受到了当时苏联理论家很大的影响。在法制观上,列宁所说的"专政是直接凭借暴力而不受任何法律约束的政权"④,而无产阶级的革命专政则是"由无产阶级对资产阶级采用暴力手段来获得和维持的政权,是不受任何法律约束的政权"⑤,这在当时条件下是特指性的,却被解释为无产阶级政权只需凭借暴力,而不需要法律,甚至被引申为各专政机关不需要依法办事。因此,在一些领导人的观念中,实际上把法律置于从属权力的地位,是掌权者制定和操作的工具。

其二是秩序法制观。从时间跨度上来说,即 1978—1996 年。党的十一届三中全会是秩序法制观形成的标志。秩序法制观侧重于法的秩序价值,主张以运用法律手段维护国家秩序、保护社会生产力的顺利发展为目标。

突出法制对维护社会稳定和秩序的价值,是秩序法制观一大典型特征。党的十一届三中全会后,党和国家的工作中心转移到社会主义现代化建设上来,但"中国要搞现代化建设,没有一个稳定的政治秩序是不可能的""中国作为大国,没有安定的政治环境,没有稳定的社会秩序,什么事也干不成"。⑥ 而实现稳定的秩序,则需要健全社会主义法制。这是因为"没有社会主义法制,就没有社会主义民主,而没有民主,就没有民主基础上的集中,就没有至少是不能确实地保障安定团结、生动活泼的政治局面,因而就

---

① 蔡定剑.历史与变革——新中国法制建设的历程[M].北京:中国政法大学出版,1999:282-283.
② 董必武.董必武政治法律文集[M].北京:法律出版社,1986:439-440.
③ 强世功.法制与治理——国家转型中的法律[M].北京:中国政法大学出版社,2003:136.
④ 列宁.列宁全集:第二十八卷[M].北京:人民出版社,1956:218.
⑤ 列宁.列宁全集:第三十五卷[M].北京:人民出版社,1985:237.
⑥ 邓小平.邓小平文选:第二卷[M].北京:人民出版社,1994:146-147,207-331.

谈不上社会主义现代化建设""健全社会主义法制,才有可能少出一点乱子,保证四化建设的顺利进行,各项工作的顺利进行"。① 正是基于这一认识,邓小平强调要"一手抓建设,一手抓法制"。

法制成为维护政治、经济和社会秩序的首要手段,是秩序法制观的另一典型特征。这表现在以下三点。

(1) 依法实现政治管理的有序化。一方面,针对"过去一些重大的决策,常常取决于领导人的看法和注意力,使我国过去有些年代中上层建筑的政治文化机器的运转,有时呈现某种随意性与不确定性"②的状况,党强调"必须使民主制度化、法律化,使这种制度和法律不因领导人的改变而改变,不因领导人看法和注意力的改变而改变"。③ 另一方面,为了实现对政治权威的制度约束,使权力依法运行,党又确立了"党必须在宪法和法律的范围内活动"的重要原则。在党的第十二次全国代表大会通过的《中国共产党章程》中,首次写入了该项原则,使其成为"党法"。在 1982 年《中华人民共和国宪法》(以下简称《宪法》)中也明文规定:"一切国家机关和武装力量、各政党和各社会团体、各企业事业组织都必须遵守宪法和法律。""任何组织或者个人都不得有超越宪法和法律的特权。"

(2) 用法律手段调节经济秩序。"经济越发展,利益分化以及社会结构的变迁程度就越深化,制度及其通过制度营造共识、提供秩序越显得重要。"④1978 年,邓小平就要求国家立法部门为适应当时经济建设新形势的需要,集中精力制定相关的法律。他指出,"国家和企业、企业和企业、企业和个人等等之间的关系,也要用法律的形式来确定;它们之间的矛盾,也有不少要通过法律来解决。"③1979 年,叶剑英同志在第五届全国人民代表大会第二次会议上强调:"我们还需要经济法"。1982 年通过的《宪法》确立了经济立法的重要地位。《宪法》直接提到要制定的法律有 39 部,而其中经济方面的法律有 12 部。1984 年党的十二届三中全会通过的《中共中央关于经济体制改革的决定》提出:"经济体制的改革和国民经济的发展,使越来越多的经济关系和经济活动准则需要用法律形式固定下来,国家立法机关要加快立法。"党的第十三次全国代表大会明确提出:"国家的政治生活、经济生活和社会生活的各个方面,民主和专政的各个环节,都应做到有法可依,有法必依,执法必严,违法必究。""要尽可能用法律或制度的形式加以明确。"党的第十四次全国代表大会报告又提出:"加强立法工作,特别是抓紧制订与完善保障

---

① 彭真.论新中国的政法工作[M].北京:中央文献出版社,1992:172,384-385.
② 郭道晖.民主·法制·法律意识[M].北京:人民出版社,1988:35.
③ 邓小平.邓小平文选:第二卷[M].北京:人民出版社,1994:146-147,207-331.
④ 潘伟杰.法治与现代国家的成长[M].北京:法律出版社,2009:134.

改革开放、加强宏观经济管理、规范微观经济行为的法律和法规,这是建立社会主义市场经济体制的迫切要求。"这种意识反映在实践中,就是在改革开放以来的法制建设中,将经济法制现代化建设放在突出位置。据统计,1979—1989年经济和行政立法(含法律、行政法规和部门规章)占立法总数的79%以上,而民主政治方面的立法仅占4.3%,其中关于公民政治权利的立法只占0.78%;1990—1996年的经济和行政立法(含法律、行政法规和部门规章)占立法总数的69.5%,而民主政治立法只占8.1%,其中关于公民政治权利的立法也只占2.5%。①

(3) 以法律手段维护社会的安定团结。党的十一届三中全会后,我国社会经历了广泛而深刻的历史性巨变,在经济、政治、文化和社会迅速发展的同时,利益格局发生了根本性的变化,各种社会矛盾也日趋错综复杂,使得社会治安问题也相对突出起来。为此,我国展开了社会治安综合治理工作。由于综合治理的其他手段最终都需要通过法律手段来体现和落实,这需要我们党必须"学会使用法律武器维护安定团结"。彭真在全国城市治安会议上的讲话中就要求"要善于运用法律武器。要严肃、谨慎、准确地运用法律武器,依法办事,执法必严……我们要很好地运用法律武器,同破坏社会治安、危害社会秩序的违法犯罪活动进行斗争"。②他还非常言简意赅地将当时政法工作的基本任务归结为"公、检、法当前的中心工作,就是要从法制方面巩固和发展安定团结、生动活泼的政治局面,保障社会主义现代化建设的顺利进行。我们只要做到了这一点,就应该说是基本完成了自己的任务"。②

其三是治国方略法治观。从时间跨度上来说,即1997年至今。"依法治国,建设社会主义法治国家"观点的提出,是中国共产党在治国方略上一个历史性的飞跃,使得法制建设和法治实践不再是某个局部或职能部门的工作,而是事关全局的战略性工作;法治实践不再是阶段性的现实秩序的治理,而是国家建设与社会发展的方向性目标。治国方略法治观集中关注了"为什么要实行法治""什么是法治""我们需要什么样的法治"以及"怎样建设法治"等问题。中国共产党人为此开始了一个在更高层次的国家治理的探索。

治国方略法治观深刻分析了"为什么要实行法治"。在中国共产党的文件中明确指出:我国经济体制改革的深入和社会主义现代化建设的发展,要求我们在坚持四项基本原则的前提下,继续推进政治体制改革,进一步扩大社会主义民主,健全社会主义法

---

① 孙莉.偏好与疏离——中国法制现代化的价值取向分析[J].天津社会科学,1997(6):59-63.
② 彭真.论新中国的政法工作[M].北京:中央文献出版社,1992:249.

制,依法治国,建设社会主义法治国家。依法治国,是党领导人民治理国家的基本方略,是发展社会主义市场经济的客观需要,是社会文明进步的重要标志,是国家长治久安的重要保障。可见,我们党选择走法治道路,首先是基于"市场经济是法治经济"的判断。市场经济是平等主体之间的自由竞争、自主发展的经济。它不同于计划经济体制下行政权力和长官意志决定一切的"人治"经济。市场经济不仅要求以合乎市场规律的法律来为市场主体导航和护航,而且要求以法律规范权力在市场中的地位和作用,制约权力对市场主体的不法或不当干预。其次是缘于法治是社会文明进步的重要标志。法治作为人类凭借法律规则对自己生活的一种制度安排,已经成为当今世界各国普遍选择的一种治国方式。法治是人类社会共同的政治文明成果,蕴含着自由、平等、人权、人民主权等进步理念。最后是鉴于法治是国家长治久安的重要保障。这是长期以来饱受"人治"苦痛的中国人民理性思考后做出的选择。

治国方略法治观全面阐述了依法治国的内涵,即"什么是法治"。党的相关文件反复指出:依法治国,就是广大人民群众在党的领导下,依照宪法和法律规定,通过各种途径和形式管理国家事务,管理经济文化事业,管理社会事务,保证国家各项工作都依法进行,逐步实现社会主义民主的制度化、法律化,使这种制度和法律不因领导人的改变而改变,不因领导人看法和注意力的改变而改变。这意味着,"'依法治国'不仅是把法作为治国手段,也是把法(法律)作为行为准则、价值标准。因而也表明,无论用什么手段治国(如'科教兴国'之类),都必须依法而行"。[①] 由此,作为一种相对独立的治理国家的手段,法治日益与其他治国手段相分离,并取得越来越重要的地位。这也意味着,"依法治国"与"依人治国"划清了界线。前者要求"人依法",后者则是"法依人",即以领导人、执政者个人意志为依归。

治国方略法治观指出了"我们需要什么样的法治"。首先,中国特色社会主义法治必须以坚持党的领导、人民当家作主和依法治国三者有机统一为根本原则,而绝不是西方以"三权分立"为根本原则的法治模式。在西方近代,特别是欧美资产阶级夺取政权后,相继实行"法治",其根本原则是"三权分立"。它基本上符合西方资产阶级国家国情,并在某种程度上促进了社会的发展。但这个根本原则即"三权分立"却不适用于中国。因为它从根本上否认了一个最高权力,即否定了人民的最高监督权与最后决策权,亦即否认了人民代表大会这个我国的根本政治制度,否认了中国共产党的领导。其次,

---

① 郭道晖.法的时代精神[M].长沙:湖南出版社,1997:534-535.

法治之"法"须以人为本。以"以人为本"为核心内涵的科学发展观这一崭新执政理念提出了重新审视法律的价值问题。"在改革开放初期,以及市场经济体制建立初期,经济体制改革提出的是'效率优先,兼顾公平',体现在法律方面,也是这种价值选择。到今天,我们法律的价值恐怕需要重新审视,更加注重民权和民生。"①这是因为在当代社会转型时期,人民群众最迫切需要的民生问题,需要法律积极予以回应。而法律也只有积极地回应和解决当代中国社会最迫切的民生和民权问题,才能为社会大多数成员接受。2004年"国家尊重和保障人权"这一纲领性的人权条款写入《宪法》,2007年《中华人民共和国物权法》的高票通过,就深刻表明了我国法治建设进入以人为本的新时期。最后,法治须以和谐哲学为基础。构建社会主义和谐社会战略思想和任务的提出和实践,要求"用和谐精神统领法律价值体系,将和谐精神融入法律规范体系,用和谐精神指导法律的运行实践,使我国法治充分体现社会主义和谐精神。"②进而彻底地将法治的哲学基础由以阶级斗争为纲年代的斗争哲学转向和谐哲学。

治国方略法治观明确了"怎样建设法治"。一方面,党提出了到2010年基本形成中国特色社会主义法律体系的目标,走上了以法律制度建构(立法)为中心的法治现代化发展道路。同时,针对现实生活中存在的立法数量的急剧增加并没有带来人们所预期的相应的法治秩序等问题,党也深刻认识到中国现代法治不可能只是一套细密的文字法规加一套严格的司法体系,而是与亿万中国人的价值、观念、心态以及行为相联系的。因此,必须强调:坚持依法治国,一项重要任务是不断提高广大干部群众的法律意识和法制观念。以法律意识和法制观念为行动的指南,实施好依法治国的基本方略,坚持依法治国、执法为民、公平正义、服务大局、党的领导。社会主义法治理念的提出为我国社会主义法治建设提供了精神动力和理性法治文化的支撑。另一方面,党提出科学执政、民主执政、依法执政的主张,以期通过党的领导方式和执政方式的变革来适应依法治国、建设社会主义法治国家的需要。

二

主张法治,进行社会主义法治国家建设,其实本身就内含了对德治的要求。但在实践中我们看到这样一种现象,即把德治只是作为法治的一种点缀品。也正是这样,至今

---

① 石泰峰.依法治国与科学发展观[J].法学研究,2007(4):143-144.
② 张文显.走向和谐法治[J].法学研究,2007(4):144-145.

在学界还发生着关于法治与德治关系的激烈争论。笔者在这里有必要就德治对法治的价值做些分析。

可以说重视德治是中国历来重要的文化传统。笔者以传统儒学人文精神理论作为论证依据。当时的德治理论有明显的时代痕迹，突出的是以下三个方面的重要思想。

其一，以君主至上为德治的思想前提。这个模式中为政者是其主体。孔子提出他的德治主张："为政以德，譬如北辰，居其所而众星共之。"①孟子在有人问政于他时，他说："王！何必曰利？亦有仁义而已矣。"②德治是他的理想。荀子则把德治推进到礼治："礼之所以正国也，譬之犹衡之于轻重也，犹绳墨之于曲直也，犹规矩之于方圆也，既错之而人莫之能诬也。"③为政者也是道德的主体。他们认为，为政者注重自身的道德修养，在国家政治生活中具有绝对的重要性，因为其直接决定了一个国家的政治前途。为此，孔子总是颂扬古代的贤明之君如尧、舜、禹、周文王等并要求人们效法。他认为，为政者当先修身正己。"子帅以正，孰敢不正？""其身正，不令而行；其身不正，虽令不从。""子欲善而民善矣。"④他在《子路》篇中也说："上好礼，则民莫敢不敬；上好义，则民莫敢不服；上好信，则民莫敢不用情。夫如是，则四方之民襁负其子而至矣。"④儒家把德治作为理想社会的根本手段有多方面的因素，如对西周时期特别是周公时期政绩的向往、农耕社会的经济特点以及血缘宗法的家庭关系的主观反映等，但他们特别看重为政者在社会生活中的作用和意义是其根本因素，这反映出传统德治与人治的本质。

其二，以德主刑辅为德治的主要手段。德、刑关系在当时古代社会具有重要意义。儒学德治理论强调道德在实现社会控制上的根本作用。古代的原始社会时期，"德"一般用于本族人，而刑则用于外族人。进入阶级社会后，暴力、杀戮现象严重，思想家们开始思考维护国家稳定的基础问题，而儒家学说强调道德是具有根本性作用的。孔子就指出："道之以政，齐之以刑，民免而无耻；道之以德，齐之以礼，有耻且格。"⑤孟子也说："善政不如善教之得民也。善政，民畏之；善教，民爱之。善政得民财，善教得民心。"⑥"以力服人者，非心服也，力不赡也；以德服人者，中心悦而诚服也。"⑦他们之所以特别

---

① 引自《论语·为政》。
② 引自《孟子·梁惠王上》。
③ 引自《荀子·王霸》。
④ 杨伯峻.论语译注[M].北京：北京中华书局，1980：129.
⑤ 引自《论语·为政》。
⑥ 引自《孟子·尽心上》。
⑦ 引自《孟子·公孙丑上》。

推崇德治的作用,是因为他们认为法律只能通过强制迫使人约束自己的行为,但并没有心服,而德治则是唤起人们固有的羞耻之心,使人们从内心深处产生趋善的意识,从而达到治本的目的。

当然儒学的德治并不排除刑罚的作用。他们意识到仅仅依靠德礼教化是行不通的,必须要有刑罚手段的辅佐。通过德刑兼施、宽严相济的手段的综合运用,达到社会治理的目的。

其三,以封建的等级有序为社会理想。任何一种学说要有生命力就必须满足时代的需要。传统儒学发育于春秋战国时代,当时社会纷争、战乱不断,建立等级有序的社会,使百姓安居乐业,教化盛行、道德高尚是他们学说的理想所在,而其中富民、教民是重要内容。先秦儒家的德治思想在对君主的道德进行价值预设的基础上,进一步主张向外转化成社会每一个成员自觉的道德行为。他们相信这种道德教化的良好效果。将道德规范通过为政者的教化、礼仪制度内化为社会个体成员的自觉意识。在中国古代政治生活中,君、臣、民三者构成了最基本的社会框架。统治就是按照道德原理处理三者关系,并在此基础上确立一定的道德伦理秩序。在对君主的道德进行价值预设的前提下,他们相信道德教化的良好效果。为此,孔子说:"子为政,焉用杀?子欲善而民善矣。君子之德风,小人之德草,草上之风,必偃。"①孟子也说:"君仁莫不仁,君义莫不义,君正莫不正。一正君而国定矣。"②荀子指出:"君者仪也,民者景也,仪正而景正。君者盘也,民者水也,盘圆而水圆。君者盂也,盂方而水方。"③正是在上述思想指导下,中国古代以血缘家庭为根基、以家族伦理为逻辑起点并和国家伦理相结合的思想,孝、忠观念,三纲五常的规矩,宗法家训和礼教顺从的美德等就构成了社会规范的主导内容。

传统儒学人文精神理论的德治思想虽然有其时代的局限,但与我们正在进行的社会主义法治建设并不完全是冲突的,我们有必要把传统儒学人文精神理论的德治思想经过改造纳入社会主义法治的体系。传统儒学德治理论的核心,是把国家治理寄托在统治者的道德修养和个人素质上,主张"德者治天下",其重大缺陷是忽视运用制度和法律对统治者进行制约,更缺乏民主政治的观念,因此它在本质上是一种"人治"或"贤人政治"的理念,与现代社会的"法治"和"民主政治"是大相径庭的。但传统儒学德治的思

---

① 引自《论语·颜渊》。
② 引自《孟子·离娄上》。
③ 引自《荀子·君道》。

想也对我们有启发意义,即必须看到法治如作狭义化理解并运用是有很大局限性的。法治文明的建设应当自觉把道德作为其中重要的内容。作为道德范畴的人文精神的张扬,不仅要求提升法律的文化含量,而且要求充分发挥道德作为社会规范的作用,内倾修为,提升人这个法治主体的道德水平,这是社会主义法治建设的重要组成部分。

当然,当我们现在谈论德治时,我们所说的"德治"不是中国古代传统意义上的德治。德治的社会基础、性质特点都发生了根本性变化,社会主义道德以人民的根本利益为最高原则,为人民服务是其核心内容,它根据现代生活的要求对传统道德观念进行吸收和改造。把这样的道德理论和思想贯彻于现实生活中,要求我们确立集体主义的精神、权利和义务相统一的观念等,这些都是与社会主义法治精神相统一的。但就德治对法治文明的作用则可以从多方面说明,笔者认为最为突出的在于对法治文明的精神功能上[①]。

首先,德治对法治文明具有评判作用,体现出它的精神功能。一般来说,法治是通过诸多的法律规则来实现的,这些法律规则不应是人们主观观念和权力意志的任意构造,而是客观事实的综合表现。法律制度的本质及其内在的生命力,当然在于它要确认和反映社会物质生活的真实内容和发展规律,其中,物质生活条件的因素是从归根结底的意义上起作用的,这个社会人们的习俗、社会心理、道德认知等伦理因素及哲学理念等也起着十分重要的作用。一部法律是否真实地反映社会发展的客观趋势和大多数人民的利益或要求,就成为人们评判它为善法还是恶法的根据。这是德治评判的工作。应当说,道德与法律有着共同发生、发展的基础,道德也是由物质生活条件决定的。人对自身和他人行为进行道德评价,目的在于判别行为的善恶。在现实生活中,善恶并非抽象原则,而是依据人们的利益来确定的。社会主义道德精神与法律精神具有一致性,它们都凝结着社会主义和共产主义的理想要求,在市场经济和对外开放条件下,社会主义道德所崇尚的顾全大局、诚实可信、互助友爱、机会平等、人道主义、效率优先、兼顾公平等原则规范,也是法律所要包含的内容。这样,道德对法治的评判有了实在的根据。同时,我们应当看到,法律一经确定下来,它就成为一种事实状态,具有了确定性和稳定性,具体的法律规范总是确定地对应于一些具体的行为,并且应稳定而不断地得到贯彻和落实。但是,现实生活是在不断变化、发展的,法律规范的确定性、稳定性处理不当就可能蜕变为僵化性,因此法律本身存在缺陷或漏洞的情况有时是难以避免的。这样,德

---

① 李瑜青.德治对法治文明的意义[N].光明日报,2001-5-29.

治的评判就十分重要。通过道德及其他意识形态力量的作用,使法律不断地根据条件的变化调整自己。有时人们在实践过程中,甚至是司法实践中,也需要运用道德对某些事情做出评判。

其次,德治通过社会舆论方式维护法治文明,体现出它的精神功能。一般来说,道德与法律在现实生活中实现方式有所不同。法律与这个社会主导的道德虽然都表现统治阶级的意志,但法律是以"国家意志"的形式出现的,要通过一定法定程序制定,一经产生就具有普遍遵行的效力,并通过一定法律程序修改或废除。这样,法律在现实生活中往往表现为一种事实状态,这种事实状态以反映现实的广泛性要求为主要内容。而道德则以群众意识、社会舆论形式出现,其发生一般是在阶级的先进分子中首先形成,然后逐步为整个阶级甚至全社会所接受。这样,社会主义道德通过它的宣传、舆论的作用或力量就有助于法治文明的建设,使人们由外向内地发展,逐步形成了行为的自觉性。具体来说,道德通过影响人们的观念意识来引导人们的外在行为,通过社会舆论的谴责、批评、赞成或反对以及唤起行为者的内心信念,培养善恶判断能力和道德责任感等方式,引导行为者借助于自我认识、自我批判和内心"立法",把外在的道德要求转化为自愿的行为活动。这个问题在今天的中国就显得特别重要。因为不可否认,现实生活中存在着不同道德价值观的冲突,人们对改革的不同理解或存在的某种困惑等已严重影响了法治文明的发展。随着改革的深入、生产的发展、交往的扩大、生产方式的不断革新,必然冲击着旧的经济关系及建立在经济关系基础上的各种社会关系,促使人们的生活方式发生变革,并带来了人与人之间的利益关系的重组。然而,变革过程并非一蹴而就,新旧力量在相当长时间内往往处于纵横交错之中,这是造成道德困惑、道德冲突的根本原因。以我国农村为例,经过20年的改革,一大批农民摆脱了对土地的依赖,商品生产和交换关系大量渗入农村,但在不少地方,商品经济与原有的自给自足的小农经营方式却是和平共处的,在某些地方还存在着家族势力、地方保护主义等,这些客观现实使得我们在推行社会主义市场经济和依法治国过程中,要在农村中进行广泛深入的宣传、教育,通过道德舆论的渗透,逐步提高人们认识和形成维护法治的自觉性。

最后,德治可以进入人的内心世界,通过对话、交流方式实现社会控制,体现它对法治文明的精神功能。可以看到,法律以国家名义规定基本规则,在社会生活的调整上,法律起了主导作用,大部分社会关系要由法律和其他手段进行调整,但有些社会关系的调整,法律只能起辅助作用,主要依靠其他手段,如思想、信仰等。因为法律作为制度,突出制度的统一性、规范性,严格以事实为根据,考察主体行为对客体产生的实际效果、作用及行为主体应负的责任。法律制度不诉诸良心,不允许渗入主观因素,也不干预和惩办人的思想。而道德行为作为一种价值判断,它虽然也考虑人的行为的社会后果,但关注更多的是人的内心,是行为主体由自身利益和文明素质熔铸而成的思想动机,带有较为强烈的主观色彩。道德通过对话、交流方式实现社会控制是十分重要的。因为任何社会或国家实际都需要有一种主流道德文化,它可以起到维护社会稳定、保持社会延续的精神支柱作用。一般来说,这种道德文化的社会作用,是通过文化塑造与特定社会制度要求相一致的人,从而达到维护社会的同一性和稳定的目的。道德之所以能起这种作用,是因为它属于精神产品,它可以通过语言文字以及其他物质载体,使其由个人意识变为社会意识,由主观精神变为客观精神,从而形成一种社会文化环境。我们每个人都生活在某种文化体系处于主导地位的社会中,它将对我们每个人的一生产生巨大的影响。所谓人的社会化过程,就是接受文化的培育和熏陶的过程,所以主体道德文化的重要作用,是培养一代又一代人对该社会制度的归属感和认同感。

德治对法治文明具有精神功能,这种精神功能作为抽象的概括,突出在倡导文化的主旋律。因为无论是德治对法治的评价,还是通过舆论方式维护法治文明及对人的思想的对话、交流,都是以倡导文化主旋律的方式实现的。而这个问题在当代中国社会转型期就有特别重要的意义,这里涉及的关键在于倡导的文化主旋律的思想内容,必须要切合实际,反对唱高调说空话。

三

有了上述对问题的分析,笔者就法律职业伦理对法律人的特殊价值问题,谈一点看法。

笔者认为,作为法律职业人必须学会对自身的观察。这种对自身的观察,涉及对自己职业的了解、自身职业与职业关系的了解、自身的素质与自身职业关系的了解等。这种对自身观察的思考,就是法律职业人所要进行的一项基础性的工作。

人作为人,可以说他的进步是由不断对自身进行观察而推动的。当然,这种对人的自身观察,不是抽象的过程,而是与一定的社会政治、经济、文化等社会结构联系在一起进行的思考。

就中国的法律职业而言,笔者注意到自改革开放以来取得的成就很突出。例如:确立了依法治国基本方略;中国特色社会主义法律体系基本形成;依法行政不断推进;

司法和司法行政工作全面发展;公民法律素质明显提高;等等。但所存在的问题也使我们不断向自身提问,即为什么有的法律人会这样滥用审判权徇私舞弊、枉法裁判;为什么有的法律人在进行的所谓法律服务却是在做钱法交易;为什么有的法律人甚至变成社会黑恶势力特别的保护者;等等。从这种思考中可以看到,作为法律人,在他的法律职业实践中,其实法律知识、法律技巧、运用法律的能力等,只是他谋生的手段,是外在的存在,而确立起健康向上的法律职业伦理,才是真正作为法律人的内在素养所要求的,换句话说,所谓法律职业伦理是法律人在履行职责的过程中,或从事履行职责相关的活动时,所应当遵循的道德、行为规范和价值理念等,这是法律人的职业灵魂,或者说是职业的根本。其实任何一种职业,都承载着一定的社会利益与公共属性,为了维护社会整体秩序的稳定与健康发展,作为职业人的行为应当得到约束,这样才可能使职业人的行为满足社会发展的客观要求。

第一章 问题的提出：为什么要重视法律职业伦理

本章我们要讨论的问题：
1. 什么是法律职业及其特征？
2. 法律职业伦理在诸多法学课程中的特殊价值是什么？

一、法律职业及其特征

我们有必要首先了解什么是职业，然后再讨论什么是法律职业。

（一）职业的概念

职业与社会分工有着内在关系，是社会分工的产物。当社会生产力发展到一定的程度，社会上就有了专门从事特定类型工作的劳动者，当然职业还与一定的社会制度、社会结构等因素有联系。因此，所谓职业是指劳动者以一定的技能为社会承担一定的义务和责任，并获得相应的报酬而产生的社会角色。通俗来讲，职业是人们在社会中所从事的作为谋生手段的工作。

职业在不同的社会发展阶段虽然会呈现不同的存在形态，但在共性上一般有以下四个特征。其一，职业主体的特定性。职业主体是参与社会分工的劳动者，每个劳动者都具有承担社会分工和劳动分工角色的功能性。在传统社会，职业往往具有强烈的身份性，而在现代社会，选择职业是人的一种基本自由，从一定意义上来说，对于劳动者，职业已经发生了从身份到契约的根本性转变。其二，职业技能的专门性。职业有门槛，从业者需要具备相应的能力，包括知识、经验、技能、理论等。现代社会，职业技能的专门性已经呈现出显著的专业性特点,从事某种职业需要专门的教育或培训。其三,职业取向的利导性。职业是人们谋生的途径,职业满足人的谋生的需求。人们从事或者选择职业,是为了满足自我生存和发展的需要,以获得报酬为目的。其四,职业存续的规范性。为了职业的存在和发展,职业主体必须参与社会分工与交换,就必然要受到社会规范的评价和约束,承担一定的义务和责任。现代社会,职业具有很强的行业性和自治性。

与职业相近的一个词是事业。事业有强烈的价值内涵,比职业具有更高的价值取向,它超越了职业的谋生性,融合了人的理想、热情、智慧、勇气,具有自我实现的特点。

(二) 法律职业及其特征

法律职业是与法律紧密相关的一种职业类型。一个人与法律有什么样的关系,才能被看作在从事法律职业?这不是一个可以简单回答的问题,离不开具体的语境和场域。在现代西方国家,律师、法官、检察官是公认的法律职业人。这些人有什么共同特点呢?他们不是在制定法律,而是在运用法律;他们运作法律是"法律性""实践性"的,是在接受法律的规范性前提下开展工作,而不是"法学性""学术性"的。因此,所谓法律职业,是指运用法律处理实际法律事务的职业。法律职业人,狭义上是指法官、检察官、律师,广义上讲,还包括公证员、仲裁员、法律事务专员等。在当代中国,政府部门的专职法律工作人员,各级人民代表大会常务委员会的法律工作专门委员会工作人员,也被视为法律职业人。严格来讲,法学教育工作者(法学家)从事的是教师职业,但法学教育工作者要培养法律职业人,因此他们是法律职业人的同盟者,可以纳入"法律职业共同体"。

一个国家实行依法治理,是国家文明状态的反映。一定的国家法律职业状态和这个国家法治发展的状态有内在联系。在实行法治的国家,对法律职业人有较高要求,具有区别于其他职业的一些显著特征。

(1) 从入职前提上看,从事法律职业具有严格的职业准入要求。法律职业是一个具有限制性的职业,加入法律职业必须获得许可证,未经考试未取得相应法律职业资格,不得从事法律职业。我国从2002年起施行国家司法考试,统一法官、检察官和律师资格考试。2015年中共中央办公厅、国务院办公厅发布《关于完善国家统一法律职业资格制度的意见》,将国家司法考试改为国家统一法律职业资格考试。2018年中华人民共和国司法部(以下简称"司法部")发布《国家统一法律职业资格考试实施办法》,标志着我国的法律职业资格考试正式落地。在我国,担任法官、检察官、律师、公证员、法律顾问、法律类仲裁员,以及政府部门中从事行政处罚决定审核、行政复议、行政裁决的人员,均应当取得国家统一法律职业资格。国家鼓励从事法律法规起草的立法工作者、其他行政执法人员、法学教育与法学研究工作者等,参加国家统一法律职业资格考试,取得法律职业资格。

（2）从工作内容上看,法律上的权利和义务是法律职业的基本工作内容。法律性是法律职业区别于其他职业的首要特点。法律职业人确定、运用法律权利和法律义务,通过法律程序和法律途径,运行法律思维和法律方式,从而治国理政、安定社会、维护公义。

（3）从职业技能上看,法律职业具有专门的知识和技能。从事法律职业,需要具备法律的专门知识和专门技能。这种法律知识和技能来自法学教育、法律训练。法律职业的知识和技能,是一种系统的、专业的知识和技能,包括法律认知、法律思维、法律方法、法律语言、法律文书等。

（4）从职业价值和使命上看,法律职业人是法律秩序的维护者和构建者,具有共同的职业目标。对法律的信赖和遵从,是法律职业人的共同的职业精神追求。与此同时,在现代社会,法律是实现和维护社会公平正义的最佳制度,"法律面前人人平等"是现代社会法律的基本原则,"平等对待"是基本的法律精神,法律职业人要基于公平、公正的立场将法律运用于具体的人和事。法律职业人应当具备良好的职业伦理素养。

二、为什么要学习法律职业伦理

1. 法律职业事业发展的需要

从一个法律人的角度进行分析,我们可以看到,作为一个法律人,在他身上反映的特质,一个方面是有过良好的法律知识的训练,能对一定法律问题做分析,用法言法语进行论证,具备职业语言、职业知识、职业思维、职业技术方面的较高素养。但另一个更为重要的方面是,他在法律职业伦理上要具备合格性,做到"德才兼备"。因为没有这个方面的良好素质,这位法律人实际上就缺乏健康的思想、没有高尚的灵魂,他所谓良好法律知识的训练就不会在正道上发展。在这个意义上,笔者赞成英国学者霍夫曼的观点：优秀的法律人都具有高尚的道德。这不是说他们都是社会精英,或者是社会赋予了他们更高的价值品质,而是法律是一切尊严和价值的主体,只有拥有美好德行与良知的人才能够学好法律。

从上述观点出发，我们必须批判在法律知识训练过程中，只片面重视法律条文的认知、法律技术应用技巧性这种法学的教育。在这种法学教育观念的影响下，我国的法学教育偏向于培养应用型人才，而不是"德才兼备"的法律人。从我国法学教育《普通高等学校本科专业目录》的内容中可见，很长一段时间内我们一直没有把法律职业伦理课程作为主干课程来学习。课程的设置方面更强调专业性、技术性，而忽略人的道德主体性。通过法律职业伦理课程的建设，能够使反映社会发展要求的积极健康的法律职业伦理观念，渗透于学生对法律条文的认知过程、学生对法律技术应用技巧性的掌握过程中。通过学习，使他们了解法律职业背后的精神与理念，能够用良好的职业道德对各种实践中出现的情况加以善意理解，维护法律职业的形象与荣誉，展现法律人"以德为先"的基本素质。

2. 促进法治化进程，维护社会公平正义

从法律职业共同体角度来看，法律职业共同体的建设对促进法治化进程、维护社会公平正义具有基础性意义。法律职业共同体的发展，在西方国家已经历近500年的历史，对西方法治实践起到重要的促进作用。中国在20世纪90年代明确把建设社会主义法治国家作为目标，依据法律职业共同体形成规律逐步建立自身的体系。对这个体系的理解，笔者赞成某些学者的观点，即采用社会学的概念分为两类，一类是用功能主义的观点进行分析，认为共同体应当是由共同目标、共同利害关系的人组成的社会团体；另一类是用地区性的观点进行思考，认为共同体是在一个地区内共同生活的有组织的人群。笔者强调用功能主义的观点分析法律职业共同体的重要性。

法律职业共同体的建设当然与法律职业伦理有内在关系。必须指出，法律职业共同体这个概念明确了作为法律职业人，其固有的人与人之间形成的特殊社会关系的归属感。这种归属感，在当代中国即以《中华人民共和国宪法》为至高的旗帜，张扬法治精神和以人民为中心的理念。法律职业专业化程度的提高使法律事业趋向行业化，每个法律职业者虽然个性有差别，行事方式也不尽相同，但是殊途同归，除思维模式、辨析法律问题的手段和技术不同外，在职业的道德理念、道德操守的标准上是一致的，从而确立起以宪法、法律为准绳，以正义为追求的人生目标。有学者认为，法律职业共同体的标志有四点。其一，具有扎实的知识储备。法律职业共同体的技能以系统的法学理论及专门的思维方式为基础，并需要持续不间断地学习。其二，具备法律职业伦理。共同体内部传承着法律职业伦理，以维系共同体成员及整个共同体的社会地位及声誉。其三,具有自治性。法律职业者在执业过程中应具有自主性。其四,职业准入要求高。加入共同体必须受到严格考察,获取相关资格证书。但笔者必须指出,具备法律职业伦理是其中的重中之重,因为只有具备法律职业伦理的法律职业共同体,通过他们的共同努力,才真正可以使整个社会守住正义的底线,为社会主义法治事业发展贡献其基础性的价值。

第二章 法律职业伦理的概念和渊源

> **本章我们要讨论的问题:**
> 1. 什么是法律职业伦理及其涉及的基本概念?
> 2. 如何分析法律职业伦理的主要渊源?

一、法律职业伦理及其涉及的基本概念

要讨论法律职业伦理,首先要明确伦理、道德的内涵。

(一) 伦理的内涵

伦理与道德这两个概念,在日常用语以及许多学术文献中经常是等同使用的,如职业伦理和职业道德其实并无区别。但有时在具体语境或者用法上,两者又有一定区别:伦理是指外在规范,而道德是指内在规范;伦理是指向社会的,而道德是指向个人的。但本书中,伦理可以与道德通用。作为一种社会事物或社会现象,伦理现象是相应的观念、原则和规则以及习俗的总和,它在结构上包括伦理观念、伦理规范、伦理习俗等。作为一种社会规范,伦理或者道德,是以善恶评价的方式调整人与人之间以及个人与社会之间关系的行为规范的总和。伦理是人们行为正当与否的非权力规范,通常以善恶评价的方式来调整社会关系。

美国法哲学家富勒在其著作《法律的道德性》中将道德划分为义务的道德和愿望的道德,这种划分对于我们理解伦理或道德的社会功能是有积极意义的。义务的道德,以义务的方式要求人们不做什么或做什么,如"十戒"。愿望的道德,通过赞美、倡导方式提倡人们去做什么,或不做什么,如仁慈、谦虚、忠诚、勇气、慷慨、

正义、节制、礼貌、诚实等。义务的道德，是道德的底线，是规则，是人成为人的基本要求，是止恶的道德。愿望的道德，是道德的标杆，是原则，是人成为善人的榜样，是向上的道德。

而伦理与法律存在不同，它们是两种不同的社会规范。一般来说，伦理不是由特定权力机构制定、实施并保障的，它是社会的一种软约束；但法律却是由特定权力机构制定、实施并保障的，它是社会的一种硬约束。法律在一定的社会实施中，会产生明确的实施后果。例如，我们说"不得杀人"，这可以是伦理规范，但"杀人者偿命"（不得杀人，否则死），则是法律规范。

（二）职业伦理的内涵

对于伦理或者道德的概念界定，学界有"规范"总称说、"意识和规范"总称说、"意识、规范与行为"总称说三种不同观点，同时，对于职业伦理一词，在学术界定上也有三种不同的观点。本书是在规范意义上界定职业伦理，即职业伦理又称职业道德，是与人们的职业活动紧密联系的符合职业要求的道德。或者说，职业伦理是规范职业行为的道德规范的总称。与职业伦理相对的是个人伦理。个人伦理是个人在日常生活中所遵循的道德规范。

有学者将职业伦理（道德）分成职业技能、职业理想、职业态度、职业责任、职业纪律、职业良心、职业荣誉、职业作风[①]等要素。其中，职业技能是劳动者从事职业劳动和完成岗位工作应具有的文化知识水平、技术熟练程度和解决问题的各种能力，尽管职业技能具有深刻的道德意义，但是职业技能本身不应是职业道德体系的内容之一。职业理想是对未来职业的选择和向往，以及在职业活动中所追求的事业成就和奋斗目标。职业态度是劳动者对所从事职业的看法及在行为举止方面反应的倾向。职业责任，也就是职业义务，是指劳动者在一定职业活动中所承担的特定的职责，它包括应该做的工作和应该承担的义务。职业纪律，是指为了维持职业活动的正常秩序，保证职业责任的履行，劳动者在从事职业活动时必须遵守的具有强制性的行为规范。职业良心，是指劳动者对职业责任的自我意识。职业荣誉是对职业行为的社会价值所做出的公认的客观评价及正确的主观认知。职业作风，是指劳动者在其职业活动中所体现出来的行为特点，它是贯穿于职业劳动全过程中的统一风格。

---

① 高雅珍，熊亮.职业道德[M].上海：格致出版社，上海人民出版社，2014：32.

(三) 法律职业伦理的内涵

法律职业伦理又称法律职业道德,是评价法律职业人的行为正当与否的非权力行为规范总称。具体来讲,法律职业伦理是法律职业人员在进行法律职业活动过程中所应遵循的符合法律职业要求的正当的非权力行为规范的总称。

这里需要辨明法律职业伦理与法律伦理。法律伦理是立法程序与法律本身的道德性,其目标在于使伦理要求在相应的法律中得以体现和实现。因此,法律伦理实际上是法律的伦理,讲的是道德对法律的影响和要求。而法律职业伦理则是法律人的伦理,讲的是道德对法律职业人的影响和要求。

二、法律职业伦理学

(一) 伦理学的内涵

伦理学,又称道德学、道德哲学,是关于道德的科学。古希腊哲学家亚里士多德所著《尼各马可伦理学》一书,被称为西方最早的伦理学专著。进入当代以来,伦理学先后出现元伦理学、规范伦理学、美德伦理学三种形态。

伦理学的概念系统,包括价值、善与恶、应该与不应该、正当与不正当[①]。这些用词在伦理学中经常被运用到。所谓价值,即客体对主体的效用。善是事物所具有的能够满足需要、实现欲望、达到目的的效用性。善可分为内在善(自身善、目的善)与外在善(手段善)。恶是阻碍满足需要、达成目的、实现欲望的效用性。恶可分为内在恶、纯粹恶、必要的恶。内在恶就是自身恶。纯粹恶是自身与结果都是恶的东西。必要的恶是自身为恶而结果为善,且净余为善,例如手术,应该是行为结果是善,虽然过程是恶的,但行为实现的结果有善的属性。还要分析"道德应该"和"非道德应该"。道德应该,即正当,是行为的符合道德目的的属性。非道德应该,即不正当,是行为的符合个人目的的属性。道德的目的是普遍的,都是为了保障社会存在发展、增进每个人的利益、实现每个人幸福的,而个人的目的是千差万别的。道德应该具有可普遍化性,非道德应该则不具有可普遍化性。正当是道德善,即行为道德的应该。不正当是道德恶,即行为道德的不应该。善恶是价值范畴,是价值的

---

① 王海明.伦理学原理[M].北京:北京大学出版社,2001:19-33.

分类,正当与不正当则属于道德价值的范畴。应该是道德最重要的属性,却不是其特有的属性,因为许多应该如何的行为规范并非道德(如人应该吃饭等)。道德与应该的行为规范区别在于是否具有利害社会之效用,道德规范包括利他,也包括利己。

(二)职业伦理学说

这里主要介绍两个有典型意义的职业伦理学说。其一是古代柏拉图的政治伦理学说。柏拉图的政治伦理,也就是他的正义观,即所有城邦公民都按照三个等级的划分,各就其位,各安其职。集体利益高于个人利益。柏拉图的政治伦理和职业伦理是没有区分的,即一个人的政治身份和他的职业身份没有明显区别。

其二是现代埃米尔·迪尔凯姆(Émile Durkheim,1858—1917)的职业伦理学说。现代职业伦理理论的奠基人,是法国社会学家迪尔凯姆,又译为杜尔凯姆、涂尔干、杜尔干等,他的主要著作是《自杀论》及《社会分工论》。迪尔凯姆认为,社会之所以存在职业,是因为社会存在劳动分工;而有了社会劳动分工,才有职业伦理。"有多少种职业,就有多少种职业伦理。"

(三)法律伦理学

法律伦理学是研究法律现象中的伦理问题的科学。法律伦理学以法律伦理现象为研究对象,关注的是法律的道德,是法学与伦理学的交叉学科,是法学的一门新兴的、交叉的基础理论研究学科。

(四)法律职业伦理学

法律职业伦理学是研究法律职业伦理现象的学科,属于应用伦理学。在当代中国,法律职业伦理学是20世纪出现的一门新兴学科。法律职业伦理学的研究对象是法律职业道德现象,关注的是法律职业人(法律人)的道德。

(五)法律职业规范

法律职业规范,是法律职业权威组织制定的规定法律职业人和法律职业行为的规范。法律职业规范与法律职业伦理既有联系,又有区别。我国《法官行为规范》第四十六条要求"普通程序案件的裁判文书应当内容全面、说理透彻、逻辑严密、用语规范、文字精炼",这是一项技术性的法官职业规范要求,不宜说是一项法官的职业伦理规范要求。

法律职业规范具有自治性、专业性、伦理性与技术性。法律职业规范是由相应的处于本行业最高地位的机构制定的,对本行业从业人员具有指导作用的规范,具有自治性。法律职业规范为本职业行为提供了专门化、标准化的标准和要求,具有专业性。法律职业规范包含了道德要求,具有伦理性。法律职业规范包含了超越道德要求的内容,具有技术性。

当代中国的法律职业规范,具有代表性的有以下三项。

1.《法官行为规范》

《法官行为规范》由最高人民法院于2005年11月4日发布试行,2010年12月6日修订后发布正式施行。其包括以下主要内容:一、一般规定;二、立案;三、庭审;四、诉讼调解;五、文书制作;六、执行;七、涉诉信访处理;八、业外活动;九、监督和惩戒;十、附则。

2.《检察官职业行为基本规范(试行)》

《检察官职业行为基本规范(试行)》由最高人民检察院于2010年9月3日通过,2010年10月9日发布。其包括以下主要内容:一、职业信仰;二、履职行为;三、职业纪律;四、职业作风;五、职业礼仪;六、职务外行为;七、附则。

3.《中华全国律师协会律师执业行为规范》

《中华全国律师协会律师执业行为规范》(以下简称《律师执业行为规范》)由第五届全国律师协会第九次常务理事会于2004年3月20日审议通过试行,2009年12月27日第七届全国律师协会第二次理事会修订,2017年1月8日第九届全国律师协会常务理事会第二次会议再次修订并试行。其包括以下主要内容:第一章总则;第二章律师执业基本行为规范;第三章律师业务推广行为规范,包括第一节业务推广原则、第二节律师业务推广广告、第三节律师宣传;第四章律师与委托人或当事人的关系规范,包括第一节委托代理关系、第二节禁止虚假承诺、第三节禁止非法牟取委托人权益、第四节利益冲突审查、第五节保管委托人财产、第六节转委托、第七节委托关系的解除与终止;第五章律师参与诉讼或仲裁规范,包括第一节调查取证、第二节尊重法庭与规范接触司法人员、第三节庭审仪表和语态;第六章律师与其他律师的关系规范,包括第一节尊重与合作、第二节禁止不正当竞争;第七章律师与所任职的律师事务所关系规范;第八章律师与律师协会关系规范;第九章附则。

三、法律职业伦理的渊源

(一) 法律职业伦理渊源的概念

渊源,是指事物的来源、源泉、源头。对于法律职业伦理的渊源问题,学理上可以有不同的阐释,由此形成多种不同含义。例如,历史渊源、理论渊源、文献渊源、实质渊源、效力渊源等。此处,所谓法律职业伦理的渊源,特指被承认具有正式效力的法律职业伦理规范的表现形式。这里的"效力"包括指导力、约束力。

法律职业伦理规范的表现形式具有多样性特点。从存在方式上看,一种是以观念形态为法律职业人接受和遵守的不成文形式,一种是经过一定权威机构整理加工制作并发布实施的系统化和条文化的成文形式。一定意义上,我们可以把后者看成是前者的转化形态。法律职业权威机构为什么要采用这种转化形态?究其原因在于法律职业发展内在要求。并且,随着法律职业文明程度的提升,法律职业管理组织化、规范化程度也越来越高。当然,这种转化形态因其成文化而具有正式化、明确化等诸多好处,最为关键的一点是克服了法律职业伦理自身软约束的局限。转化前后区别的关键在于效力不同:未转化的法律职业伦理规范具有道德约束力和号召力,而转化后的法律职业伦理进一步具有了组织纪律约束力乃至国家法律约束力。法律职业伦理的转化形式有法律、行业自治规范等。

(二) 法律职业伦理渊源的主要种类

1. 国内法中的法律职业伦理

全国人民代表大会常务委员会制定的法官法、检察官法、公务员法、律师法以及诉讼法等涉及法律职业人及其行为的法律,将相关伦理道德规范吸收、转化为法律规范。2019年修订的《中华人民共和国法官法》(以下简称《法官法》)第三条规定:"法官必须忠实执行宪法和法律,维护社会公平正义,全心全意为人民服务。"第五条规定:"法官应当勤勉尽责,清正廉明,恪守职业道德。"第十条关于法官应当履行的义务规定:"秉公办案,不得徇私枉法"。《中华人民共和国检察官法》(以下简称《检察官法》)第三条规定:"检察官必须忠实执行宪法和法律,维护社会公平正义,全心全意为人民服务。"第四条规定:"检察官应当勤勉尽责,清正廉明,恪守职业道德。"2017年修订的《中华人民共和国律师法》(以下简称《律师法》)第二条规定:"律师应当维护当事人合法权益,维护法律正确实施,维护社会公平和正义。"第三条规定:"律师执业必须遵守宪法和法律,恪守律师职业道德和执业纪律。"

国务院制定的行政法规中也有相关法律职业伦理的规定。例如,《中华人民共和国法律援助条例》(以下简称《法律援助条例》)第六条规定:"律师应当依照律师法和本条例的规定履行法律援助义务,为受援人提供符合标准的法律服务,依法维护受援人的合法权益,接受律师协会和司法行政部门的监督。"第二十二条规定:"办理法律援助案件的人员,应当遵守职业道德和执业纪律,提供法律援助不得收取任何财物。"

个别部门规章中也有法律职业伦理规范,例如,司法部2010年发布实施的《律师和律师事务所违法行为处罚办法》,其中诸多条款具有明显的伦理性。

正式法律解释中涉及法官、检察官、律师职业行为的,其中自然包含法律职业伦理的内容。

2. 行业规范中的法律职业伦理

现代法律职业有较强的自治性,制定法律职业伦理规范是当今法律职业比较普遍的做法。目前,我国主要的法律职业都有各自的行业伦理规范。关于法官的职业伦理,最高人民法院2001年10月18日发布实施了《中华人民共和国法官职业道德基本准则》,于2010年12月6日进行了修订。关于检察官的职业伦理,最高人民检察院2009年9月3日发布实施了《中华人民共和国检察官职业道德基本准则(试行)》,后于2016年修订发布《中华人民共和国检察官职业道德基本准则》。关于律师的职业伦理,司法部1993年12月27日颁布实施《律师职业道德和执业纪律规范》,该规范后经司法部同意,由中华全国律师协会于2001年11月26日修订后重新发布实施。

3. 社会道德规范中的法律职业伦理

2001年9月中共中央发布实施《公民道德建设实施纲要》,中共中央、国务院2019年10月印发实施《新时代公民道德建设实施纲要》,这些对于研究制定法律职业伦理具有指导作用。

4. 国际公约中的法律职业伦理

联合国有关于人权保障的国际人权公约,例如,联合国大会1979年12月17日第34/169号决议通过的《执法人员行为守则》,1985年8月26日至9月6日第七届联合国预防犯罪和罪犯待遇大会通过、联合国大会1985年11月29日第40/32号决议及1985年12月13日第40/146号决议核可的《关于司法机关独立的基本原则》,1990年8

月27日第八届联合国预防犯罪和罪犯待遇大会通过的《关于检察官作用的基本准则》和《关于律师作用的基本原则》等,这些国际公约中也包含法官、检察官、律师等法律职业人员的伦理规范。

第三章　法律职业伦理的要素、原则和规则

本章我们要讨论的问题：
1. 如何从一般意义上理解法律职业伦理的要素？
2. 对法律职业伦理的要素之一法律职业伦理基本范畴的分析。
3. 对法律职业伦理的要素之一法律职业伦理原则的分析。
4. 对法律职业伦理的要素之一法律职业伦理规则的分析。

一、法律职业伦理要素概述

作为一种社会现象，法律职业伦理表现为法律职业伦理意识、法律职业伦理规范和法律职业伦理行为，三者之中，法律职业伦理规范是核心、主干，法律职业伦理意识固化于法律职业伦理规范，法律职业伦理规范外化于法律职业伦理行为。

作为一种特定的社会规范体系，法律职业伦理是由什么要素构成的呢？在国内法律职业伦理或者法律职业道德的相关教材中，有初步研究和不同的认识。代表性的观点有以下两种。一是王新清主编的《法律职业道德》一书提出："法律职业道德规范体系由法律职业道德基本准则、法律职业道德要素和法律职业道德规范三个部分组成。"其中指出："法律职业道德要素是反映法律职业道德现象的一些基本范畴，这些基本范畴反映了法律职业道德现象的特性、关系和基本结构。"[①]二是李本森主编的《法律职业道德概论》认为："法律职业道德主要是由法律职业理想、法律职业荣誉、法律职业态度和

---

① 王新清,李蓉.法律职业道德[M].北京：法律出版社,2007：14.

法律职业纪律等因素构成的,这些因素从不同方面反映出法律职业道德的特定本质和规律,同时又相互配合,构成一个严谨的法律职业道德结构模式。"①

吸收我国法理学关于法的要素的研究成果,笔者认为法律职业伦理的基本构成要素有三点:法律职业伦理基本范畴、法律职业伦理原则和法律职业伦理规则。三者既相互区别,又相互联系,共同构成法律职业伦理规范体系的有机整体。

二、法律职业伦理基本范畴

法律职业伦理基本范畴是以法律职业伦理为引导而形成的一些观念,主要有法律职业理想、法律职业态度、法律职业责任、法律职业良心、法律职业纪律、法律职业信誉、法律职业荣誉、法律职业作风等。

1. 法律职业理想

法律职业理想,是法律职业人对法律职业未来的美好向往,以及在职业活动中所追求的事业成就和奋斗目标。

法律职业理想反映了法律职业人的职业志向,体现了法律职业乃至法律在国家和社会中的地位和作用。自古以来,"法律是治国之重器",法律是维护社会秩序和社会公平正义的有力方式。法律职业从来就不是简单的、"卑微的"劳作,法律所承载的价值在很大程度上是通过法律职业人的职业行为来实现的,法律职业人负有特殊社会使命与担当,实现公平正义历来是法律职业人不变的理想。近代以来,人类更是把法治认定为治理国家的最合理模式,法治被赋予崇高的价值和地位。而法治是良法善治,"法是善治之前提"。

在当代中国,建设社会主义法治强国是中华民族伟大复兴的有机部分。法律职业人要自觉融入法治强国建设的时代洪流之中,自觉做全面推进依法治国的建设者、推动者,忠于党、忠于国家、忠于人民、忠于法律。

2. 法律职业态度

法律职业态度是法律职业人在从事法律职业活动中对所从事法律职业的看法及在行为举止方面反应的倾向,简单来说,法律职业态度是法律职业人对自身职业行为的看法和采取的行为。法律职业态度是法律职业人做好本职工作的重要条件,也是人们对

---

① 李本森,王少峰,蒋惠岭.法律职业道德概论[M].2版.北京:高等教育出版社,2015:34.

法律职业人进行职业道德评价的重要标准。

法律职业态度往往通过法律职业人在职业活动中的言行和神情体现出来。例如,法官或者律师在接待来访时,若对来访人员说:"你来干什么?有事快说!"就显得高高在上,态度粗暴不耐烦。

法律职业人应当从有利于实现法律职业的使命、理想的高度,不断端正自己的职业态度。

在社会主义国家,法律职业人应当树立"以人民为中心"的法律理念和职业态度,努力维护好、实现好人民权益,"要把体现人民利益、反映人民愿望、维护人民权益、增进人民福祉落实到依法治国全过程,使法律及其实施充分体现人民意志。"具体来讲,一是要勤勉。法律职业人要把努力做好法律职业工作当成自己的事业和职责,以积极能动的态度对待自己的工作,勤勉尽责、不懈怠,克服办事拖拉、工作松散、态度生硬、神情冷漠等问题。二是要谨慎。法律职业活动事关社会稳定发展和社会公平正义,法律职业人马虎大意不得,应当养成严肃谨慎的态度对待工作,时刻谨防因自己的疏漏给他人造成损害。

3. *法律职业责任*

法律职业责任,是指法律职业人通过自己的职业行为所承担的社会义务。

法律职业人应站在怎样的立场上履行自己的职业责任?基本的立场是忠诚于法律。所谓忠诚于法律就是信奉法律、崇尚法律,自觉维护法律的尊严和权威。法律职业人忠诚于法律就要"根据法律进行思考",运用法律思维和法治方式分析问题、解决问题。

在社会主义民主法治国家,法律是人民意志和利益的体现,是公民权利的有力保障,"人民的福祉是最高的法律"。我国法律职业人应当树立"为民服务"的法律职业理念,把为民服务作为履行社会责任和义务的出发点和落脚点。

对于法律职业人的为民服务,其基本要求包括:一是热忱为民服务,为民解忧,文明办案,礼貌待人;二是竭尽所能保障人民的合法权益,勇于同各种侵犯人民权益的不法行为做斗争,惩恶扬善,扶危济困。

4. *法律职业良心*

法律职业良心,是法律职业人对自己职业行为的正当与否的认知、评价。法律职业良心是法律职业人在职业活动中个人内心的是非感,以及一种做好人好事的责任感,常被认为能引起对于做坏事的内疚和悔恨。

良心是依据自己所认同的道德规范对于自己行为的道德性质的自我意识,是自己对自己行为的道德评价,若对自己行为持正面道德评价,便是良心满足;若对自己行为持负面道德评价,便受良心谴责①。法律职业良心与一般职业良心有所不同,它是基于对法律的正当性与合法性的正确理解和秉持。

古罗马法学家塞尔苏斯有言:"法律乃善良公正之艺术。"法律职业良心是保证法律职业人正确、公正运用法律的内在力量。法律职业人的职业良心主要表现为忠于职守、秉公办案、刚正不阿、不徇私情、坚持真理、坚持正义、惩恶扬善。

5. 法律职业纪律

法律职业纪律是指为维持职业活动的正常秩序、保证职业责任的履行,法律职业人在从事职业活动及其他相关社会活动时必须遵守的具有强制性的行为规范。

法律职业纪律是具有强制性的道德规范,是规范法律职业人行为的重要和有效手段,对于法律职业的发展、法律职业共同体和法治建设具有重要意义。

法律职业事关人的权益和社会公正,因此法律职业应当纪律严明,法律人应当严守职业纪律。只有法律职业纪律严明,才能有效预防和阻止法律职业人善法弄权、假公济私、贪赃枉法、颠倒黑白等丑恶行为,从而维护法律的神圣和尊严,守护法律的公平正义。

国家、法律职业自治组织要加强法律职业纪律建设,一方面要制定完备而严明的法律职业纪律,使法律职业人的职业活动有法可依、有纪可循;另一方面要严格执行职业纪律规范,严肃查处违反法律职业纪律的行为。

法律职业人要自觉遵守职业纪律。一是认真学习法律职业纪律,增强纪律观念;二是自觉遵纪守法,不利用纪律漏洞谋取不当利益;三是敢于同违法乱纪行为做斗争,促进遵纪守法的良好职业风尚。

6. 法律职业信誉

法律职业信誉是法律职业人在法律职业活动中得到社会公众的认可和信任从而获得的信用和声誉。

法律职业人何以能获得社会信任?是其深厚的法律专业知识、卓越的法律职业技能?抑或是其良好的职业道德品质?假若一个法律职业人专业法律知识扎实、法律经验技能纯熟,但其运用专业知识技能操弄法律,进行利益勾连,贪赃枉法,执法不公不

---

① 王海明.新伦理学[M].北京:商务印书馆,2001:562.

义,何以赢得职业信誉?假若一个法律职业人品行良好,但术业不精,时不时出现差错,又何以取信于人、获得职业声誉?由此可见,法律职业人要赢得法律职业信誉,一方面要具有清廉正直的道德品质;另一方面又要具备良好的法律职业技能。

7. *法律职业荣誉*

法律职业荣誉是法律职业人在履行职业义务、责任后,社会所给予的赞扬和肯定,以及法律职业人自身所产生的尊严和自豪感。

法律职业荣誉产生的前提是法律职业人履行了社会赋予其的义务和责任。法律职业的基本社会义务和责任是通过法律维护社会秩序、实现社会正义。

法律职业荣誉不会自动获得,需要法律职业人去追求、创造,法律职业人只有具备了崇高的职业理想、坚定的职业信念、高超的职业技能和良好的职业道德,积极认真履行法律职业义务和责任,才能用自己的实际行动和做出的贡献赢得社会的肯定和褒扬,创造职业荣誉。

良好的法律职业荣誉有助于增强法律职业人的职业自豪感,促使法律职业人更好地服务社会,奉献法治事业;同时有助于树立法律职业良好形象,为法律职业活动的顺利开展创造良好的社会环境。

8. *法律职业作风*

法律职业作风,是指法律职业人在职业活动中所体现出来的行为特点和一贯的风格。

因法律职业自身的特点,法律职业人应树立与其职业特点相适应的法律职业作风,养成良好的工作习惯。

优良的法律职业作风包括求真务实、严谨细致、讲究时效、忠于职守、严守秘密等。

三、法律职业伦理原则

1. *法律职业伦理原则释义*

原则,通常是指人们观察、处理问题的准则。因此,原则有时又称为准则。

法律职业伦理原则,又称法律职业伦理准则,是指作为法律职业伦理规则的基础或本源的综合性、指导性的价值准则或规范。

法律职业伦理原则是法律职业伦理规范体系整体中的最重要的要素,具有最高权威性地位和普遍的指导意义。

法律职业伦理原则具有社会历史性,不同发展阶段的社会以及不同性质的国家,法律职业伦理原则有不同的内容要求,并没有绝对永恒不变的法律职业伦理原则。

法律职业伦理原则,根据不同的标准可以做不同的划分,例如,根据适用对象范围的不同,可以分为基本原则和具体原则;根据具体内容的不同,可以分为程序性原则和实体性原则。

2. 法律职业伦理基本原则

法律职业伦理基本原则,是法律职业伦理的基本尺度、基本要求,是不同法律职业伦理的共同标志,也是法律职业伦理区别于其他职业伦理的根本标志。

明确法律职业伦理基本原则,对于确立法律职业伦理的基本内容、规范法律职业人的行为、促进法律职业共同体的形成具有重要意义。

在当代中国,法律职业伦理基本原则主要有以下几项。

(1) 忠实执行宪法和法律,维护法律的尊严

忠实执行宪法和法律,维护法律的尊严,是国家、社会对法律职业人的基本要求,是法律职业伦理的首要原则。法律职业以操作、实施法律为其"天职"、基本工作内容和职业目标。法律是法律职业活动的基本依据。法律不存,法无尊严,法律职业也将不存,即便存,其也不能兴盛。

忠实执行宪法和法律,维护法律的尊严,要求法律职业人应当以法律为言行准则,不能以任何理由践踏法律的尊严。法律职业人应当正确地理解和执行法律,不仅正确把握法律的文字意义,更要准确理解法律的精神实质,自觉维护良好的法律秩序和法律尊严。

忠实执行宪法和法律,维护法律的尊严的原则,不仅已经为我国法官、检察官、律师等相关职业道德规范或准则所确认,也为我国法官法、检察官法、律师法等相关法律所规定。这一原则不仅具有伦理说服力,同时具有法律约束力。

(2) 以事实为根据,以法律为准绳

坚持以事实为根据,以法律为准绳,是法律职业人执业活动的基本原则。事实和法律是法律职业活动的基本问题、中心问题,处理这个问题的基本准则就是要从法律事实出发,以法律为准绳,不能臆测事实,不能枉法决断。

事实是法律实施的前提和基础,法律职业实践均以一定的客观事实为基础,同时,了解和确定事实是为了准确地运用法律解决具体社会问题,运用法律是事实调查、认定的逻辑发展。因此,以事实为根据,以法律为准绳,两者是相互依存的,两者不可偏废。

正确认识事实,正确适用法律,是法律职业人从事法律职业的两大基本任务,也是对法律职业活动的基本要求。这项原则贯穿于法律职业活动的全过程,是检查和评价法律职业人职业水平的标准。认真贯彻执行这项原则,对于实现法律职业活动的社会价值具有重要意义。

以事实为根据,以法律为准绳的原则,不仅是我国法律职业伦理的基本原则,也是我国社会主义法治的基本原则。我国法官法、检察官法和律师法,以及民事诉讼法、刑事诉讼法和行政诉讼法均明确规定了以事实为根据,以法律为准绳的原则。

(3) 严明纪律,保守秘密

严明纪律是法律职业人依法履行职责的基本要求。法律职业纪律是维持法律职业活动的正常秩序,保证法律职业责任得以实现的重要措施。没有严明的纪律保障,法律职业活动就会失序,同时也会损害法律职业形象。

保守秘密是严守职业纪律的重要内容。法律职业人因其职业特点,在工作中可以直接接触到各种秘密,包括国家秘密、商业秘密、个人隐私等秘密事项,泄露这些秘密事项会给国家、社会、企业和当事人的利益造成损害,也会损害法律职业严肃公正的形象。法律职业人应当严守职业秘密。

我国法官法、检察官法、律师法明确要求相关法律职业人保守国家秘密和工作秘密,保守当事人的商业秘密和个人隐私。

(4) 相互尊重,相互配合

法律职业人相互尊重,是法律文明的内在要求。职业法律人是受过良好教育的专业人士,在法律人格和地位上是平等的,在履行职责时,必须相互尊重,而不能相互贬低或者拆台,否则就会严重损害法律职业形象和声誉。

法律职业人互相配合,是维护社会公平正义、保护合法权益的职业使命的要求。法律职业人虽然各自担负不同的职责,但职业使命是相同的,这就决定了不同法律职业人之间应当既各司其职,又相互配合。

相互尊重,相互配合,要求法律职业人在履行职责时,必须严格遵守职业纪律,不得擅自干预和妨碍其他人的正常履职;同时还要求法律职业人谦恭有礼,遵守司法礼仪。

应当注意,法律职业人之间的相互配合应当是合法的,其目的、形式和手段均应是合法的,法律职业人之间的相互配合不是相互勾连、共谋私利,这种配合只能以顺利履行职责、实现法律的价值为目标。

这一原则,在我国法官、检察官、律师的法律职业伦理规范性文件中有相关明文规定。

(5) 恪尽职守，勤勉尽责

恪尽职守，勤勉尽责是法律职业人应当遵守的基本原则，它表现为法律职业人在职业活动中忠实地履行自己的职责，对工作积极、认真负责。

为了做到恪尽职守和勤勉尽责，法律职业人首先要知责明责，只有知责明责，才能履责尽责；其次要履责尽责，在本职范围内，充分发挥主观能动性，积极工作，认真完成职责。

对于这一要求，已经体现在《中华人民共和国法官职业道德基本准则》《检察官职业道德规范》《律师职业道德和执业纪律规范》等法律职业伦理规范性文件之中。

(6) 清正廉洁，遵纪守法

清正廉洁，遵纪守法，要求法律职业人不能利用自己的职权或者职务上的便利为自己或者他人谋取非法利益，不在执业活动中做出违反法律和职业纪律的行为，保持清正廉洁。

法律职业和权力、权力和利益紧密联系，法律职业人如果不能做到清正廉洁和遵纪守法，必然会贪赃枉法、徇私枉法、谋取私利，从而损害法律尊严和法律职业形象，法律职业必定不能取信于民。

我国法官法、检察官法、律师法以及相关法律职业道德准则，明确要求相关法官、检察官、律师清正廉洁和遵纪守法。

四、法律职业伦理规则

1. 法律职业伦理规则释义

法律职业伦理规则，是指导和规范法律职业人职业活动的行为规则，是法律职业伦理准则的具体化。

法律职业伦理规则和法律职业伦理原则，统称为法律职业伦理规范。法律职业伦理原则相对于法律职业伦理规则而言，它往往只是提出了某一类行为的倾向性要求，它的这种高度抽象和概括的性质使它比法律职业伦理规则适用的范围更广泛，更具有稳定性。

2. 法律职业伦理基本规则

国内有关法律职业伦理或者法律职业道德的教材等著作中，少有专门论述法律职业伦理规则具体内容的。对此问题做专门阐述的代表性著作，是李本森主编的相关教材,其主编的《法律职业伦理》一书第二章"法律职业伦理基本规范",提出了正义规范、独立规范、效率规范、平等规范、诚信规范、保密规范、勤勉规范、清廉规范、礼仪规范九大规范[①]。而同样是李本森主编的《法律职业道德概论》一书,第四章"法律职业道德基本规则"提出法律职业道德有正义规则、独立规则、平等规则、诚信规则、效率规则、保密规则、勤勉规则、清廉规则、礼仪规则九条基本规则[②]。前后两书,相关论述的主要变化是"规范"与"规则"表述上的区别,其次顺序有个别调整。这些论述对于帮助我们认识法律职业伦理规则无疑具有十分重要的意义。

在具体阐述法律职业伦理规则的基本内容之前,首先需要阐释法律职业伦理规范的两种形态,即原则与规则之间的关系。从形式上看,作为法律职业伦理规范,如"正义"规范,可以是一项法律职业伦理原则性规范,即原则;也可以是一项法律职业伦理规则性规范,即规则。一项规范,其究竟是原则还是规则,需要做具体分析。当我们抽象地说法官在职业活动中应当坚持公平正义,这就是一项原则,进一步说,法官不能做自己案件的裁判官,法官遇到自己的案件或者与自己有利害关系的案件,应当回避,这还是一项原则,即西方法学理论上的"自然正义"原则,但它已经相对具体了,是一项具体原则。作为一项法律职业伦理原则,它没有明确相应的具体后果,不具有强制执行性。法官如果遇到应该回避的情形而未回避的,其行为应被评价为不正当、不正义,从而受到社会舆论的谴责。但国家、相应法律职业行业自治组织或者管理机构认为法官的自然正义原则非常必要和重要,在法律实践中必须得到切实的贯彻落实,从而进一步对什么是与法官有"利害关系"、法官如何回避等做细化的具有操作性规定的,则由一项原则转化为一项规则了。如果相关的法律或者纪律对应当回避而不回避的后果,做出相应明确规定,那么正义规则就具有了强制性,可以强制执行,它进一步从法律职业伦理规则转化为法律职业伦理纪律、法律职业伦理性法律规则。

其次,我们提出这样一个思考,即如何科学合理地认识法律职业伦理规范体系?我们认为根据法律职业伦理规范的地位和适用范围不同,法律职业伦理规范可以分为根本规范(原则)、基本规范(原则或者规则)和具体规范(原则或者规则)三个层次。法律职业伦理的根本规范是法律职业人赖以安身立命的规范,这种规范表现为法律职业的根本原则。什么样的职业伦理规范是法律职业人赖以安身立命的呢?对此,可能会有不同见解。我们认为从直接意义上讲,崇尚法律、忠实于法律,应当是法律职业人的根

---

① 李本森.法律职业伦理[M].2版.北京:北京大学出版社,2008:43-72.
② 李本森,王少峰,蒋惠岭.法律职业道德概论[M].2版.北京:高等教育出版社,2015.

本职业规范。因为法律职业的根本或根基在于法律。法律人以法律实施为职业和志业。法律职业人以遵守和维护法律为自己的天职。法律职业人对法律应当要有敬畏心、敬畏感。"敬"乃是法律职业人认同和服从法律,法律值得可信可服;"畏"乃因法律有力和有威,法律职业人不可不服从。法律职业伦理的基本规范,是法律职业人处事为人,以及处理对内、对外关系的一般性行为规范。法律职业伦理的具体规则,是法律职业人在某一具体问题上的细化的操作性行为规范。

基于以上思考和认识,我们认为法律职业伦理基本规则有以下几个方面。

(1) 从法律职业立场上看,忠诚独立规则。法官、检察官、律师均要忠诚于法律,保持职业独立性。律师从事法律服务,接受客户委托,"受人之托,忠人之事",但也不能丧失自己职业独立性的立场,不意味着完全受委托人支配,而是依法有权进行选择。

(2) 从法律职业使命上看,公平正义规则。为了维护和实现法律正义,法律职业人不应利用职权或者借助职业便利,谋取不法或不当利益。

(3) 从法律职业姿态上看,平等端庄规则。法官要公平、中立、平等地对待每一方当事人。检察官要依法尊重当事人的合法诉讼权利,尊重法官和律师。律师要公平对待对方当事人及其律师。同时,法律职业人应当保持庄重的职业姿态,既不盛气凌人、颐指气使,也不低声下气、卑躬屈膝。好的姿态是不卑不亢、大方得体。

(4) 从法律职业良心上看,诚实信用规则。法官、检察官应秉持诚信之心,忠实于法律和法律精神,正确和运用法律,恰当地行使职权尤其是自由裁量权,自觉维护法律尊严,如此才能赢得社会信任。律师职业在本质上是服务,这决定了其必须以诚信为本。律师职业只有以诚信为天职,才能赢得客户信任。

(5) 从法律职业纪律上看,保守保密规则。法官、检察官、律师对各自在工作过程中知悉的国家机密、商业秘密、当事人的个人隐私等应该依法严格保密,在一定时间内只能让一定范围的人员知悉。法官、检察官泄露工作秘密,会损害司法程序的正当运行和司法公正。律师揭露当事人的秘密,会破坏其与当事人之间的信任关系。律师保守当事人的秘密会充分保障当事人对律师的信任,保障和促进律师制度的发展。

(6) 从法律职业态度上看,勤勉尽责规则。法官、检察官、律师均应恪尽职守、各尽所能,不懈怠、不散漫,积极工作,认真负责。

(7) 从法律职业信誉上看,清正廉洁规则。清正廉洁不仅是对法官、检察官的要求,对于律师同样要求廉洁从业。法官、检察官廉洁与否,直接关系到公众对司法的信任,直接关系到司法公正。法官、检察官不得受贿收礼、贪赃枉法。律师要廉洁从业,不得私自向当事人收取其他报酬或者费用。

（8）从法律职业实效上看，讲究效率规则。英国法律谚语"迟到的正义是非正义"充分说明了效率在维护正义方面的重要作用。有关的国际和国内的法律职业行为的规范性文件中，均有要求法律职业人严格按照法律规定期限、时效以及与委托人约定的时间，及时办理相关法律事务，讲究效率，降低法律运行成本，解决社会纠纷，维护当事人合法权益。

（9）从法律职业文明上看，保持礼仪规则。法官、检察官要遵循司法礼仪，着装、言谈、举止体现法律素养和法律文明，体现司法形象，体现司法公正。律师要遵守法庭礼仪，注重言语和行为文明。

第四章 法律职业伦理的功能和实现方式

本章我们要讨论的问题：
1. 具体分析法律职业伦理的功能的实现方式。
2. 分析法律职业伦理实现的含义及其实现方式。
3. 分析法律职业责任及其追究。

一、法律职业伦理的功能

本章主要从法律职业伦理社会功能的实现方式上进行分析。结合国内学界现有的研究成果，法律职业伦理主要具有示范、调整、提升和辐射的社会功能。

1. 法律职业伦理的示范功能

法律职业伦理明确了什么样的法律职业行为是正当的、可为的，什么样的法律职业行为是不正当的、不可为的，在法律职业中建立起具有示范意义的法律职业道德原则和基本规则，为法律职业人的职业行为树立了职业航标，指引法律职业人以正当的方式行事，对于应该、正当的行为起到正面导向作用，对于不应该、不正当的行为起到负面导向作用，有助于树立法律职业良好的职业道德形象。

2. 法律职业伦理的调整功能

调整功能是法律职业伦理的最主要功能，是指法律职业伦理通过评价等方式引导和纠正法律职业人的行为，协调法律职业人之间、法律职业人与法律职业对象之间的关系。法律职业伦理评价是法律职业伦理的调整功能实现的主要形式。法律职业伦理通过对法律职业人行为的正当性评价，规范法律职业行为，从而调整法律职业人对内和对外的社会关系,形成一定的正常法律职业秩序。

3. 法律职业伦理的提升功能

法律职业伦理的提升功能,是指法律职业伦理有助于提升法律职业人整体素质、提高职业道德水平。法律职业伦理是法律职业人的职业行为准则、职业生涯指南,对每个从业人员的思想和行为都会产生经常性的影响,教育引导其树立正确的法律职业理想和信念,增强职业责任意识、荣誉意识,促使法律职业人努力塑造自身完善的法律职业品格。

4. 法律职业伦理的辐射功能

良好的法律职业伦理,不仅影响法律职业人的职业行为,而且会向社会传递一种善的行为风范,促进良好的社会道德风尚形成,这是法律职业伦理对社会公众行为的辐射作用。

二、法律职业伦理实现的方式

1. 法律职业伦理实现的含义

所谓法律职业伦理的实现,是指法律职业道德规范的一般要求在实际社会作用过程中转变为现实的具体的法律职业道德行为。

法律职业伦理的实现是将法律职业伦理的一般的规范要求转化为具体的行为。或者说,法律职业伦理的实现是法律职业人的行为符合其职业伦理的要求。法律职业人的职业伦理行为,是受其相应的职业伦理意识或观念的支配而实施的。因此与法律职业伦理的实现相关的三个直接因素是法律职业伦理意识、法律职业伦理规范和法律职业伦理行为。

2. 法律职业伦理实现的方式

根据法律职业伦理主体的法律职业伦理意识、法律职业伦理规范与法律职业伦理行为三者之间的关系是否有他者的力量介入,可以分为两种方式。一是主体自律的方式,这是指法律职业伦理主体自觉自主地按照法律职业伦理规范行事的方式。二是施加制裁的方式,这是指法律职业伦理主体没有按照法律职业伦理规范办事,被施加了相应的制裁的方式。

(1) 主体自律的方式

主体自律的方式,它是指法律职业伦理规范内化为法律职业人的意识,甚至转化为法律职业人的品德,并进而在法律职业人意识的支配下外化为法律职业伦理行为。简而言之,我们将主体自律方式简称为法律职业伦理内化。

法律职业伦理主体自律实现方式的特点在于法律职业伦理对法律职业人的道德约束由他律转化为自律,使法律职业道德规范要求成为法律职业人的道德意识和道德行为。

法律职业伦理作为一种外在的、客观的社会规范,只有被内化以后,才会有稳定的法律职业道德行为,才可以做到法律职业道德意识与法律职业道德行为的有机统一,才不会出现"说一套、做一套"的情况。

法律职业伦理内化是一个融合法律职业人的知、情、意、信、行的诸多复杂因素的过程。法律职业人对法律职业伦理的认知状况如何,法律职业人对法律职业伦理的情感、态度如何,法律职业人对法律职业伦理的坚守如何,法律职业人对法律职业伦理的信念如何,都在不同程度上影响着法律职业人的行为。

从心理学角度分析,法律职业伦理内化可以分为四个阶段:认知;体验;认同;遵守。认知是指法律职业人了解和掌握法律职业伦理规范的知识、要求和精神。体验是法律职业人在真实的环境或者实践中体验和体会到法律职业伦理规范的实在、实况。认同是法律职业人在认知和体验的基础上,内心真真正正地接受法律职业伦理,认为它是正确的、值得严格遵守的。遵守是法律职业伦理要求已经变成法律职业人的内在品格和自觉,遵守法律职业伦理规范已经成为法律职业人的一种自觉行动。

影响法律职业伦理内化的因素主要为主体因素、客体因素、途径因素和环境因素。主体因素包括法律职业人的价值观、职业认同度、个人性格品质等。客体因素是指法律职业伦理本身的完备性、合理性、可执行性等。途径因素是指法律职业伦理规范转化为法律职业人的自觉的手段方式,如法律职业伦理学习、教育、培训以及相应的方式方法等。环境因素包括政治、经济、文化、法律、法学状况和水平等。

(2) 施加制裁的方式

施加制裁的方式,是指法律职业伦理规范因被法律职业人违反,一定的组织或机关对违规者施加具有强制性的制裁,从而使得法律职业伦理规范要求得以维护的实现方式。

施加制裁的方式表明存在一种组织化的强制力,这种组织包括国家法律职业管理机关、法律职业的行业自治组织。这种组织化的力量居于法律职业人个体之上,对个体的法律职业人或执业组织具有相应的管理权力或权利。

施加制裁的方式表明法律职业伦理规范具有了转化的形式,即从单纯的道德规范转化为伦理性行业自治规范、伦理性法律规范等。

三、法律职业责任及其追究

法律职业责任,是法律职业人违反职业规范所应承担的责任。

法律职业人的职业规范主要是法律规范、道德规范和行业规范。因此法律职业责任包括法律责任、道德责任和行业纪律责任。

法律职业人承担职业责任的方式是不同的。承担法律责任的方式主要是接受法律制裁,承担道德责任的方式主要是接受社会舆论的谴责,承担行业纪律责任的方式是接受行业纪律制裁。

法律制裁和纪律制裁具有正式性,应当建立完善的制裁制度,包括制裁主体、制裁权限、制裁原则、制裁程序、制裁事由、制裁形式、被制裁人的权利保护和救济等。

1. 法律职业法律制裁

法律职业法律制裁,是由国家执法机关对违法的法律职业人进行的处罚。

2. 法律职业纪律制裁

法律职业纪律制裁,是指由法律职业伦理(道德)惩戒机关对失职的法律职业人进行的处罚。在我国,对法官、检察官的惩戒由其所在单位的纪律监督机构来行使,对律师的纪律惩戒由律师协会纪律机构行使。

第五章 法官职业伦理

> **本章我们要讨论的问题：**
> 1. 就影片《真水无香》，可以从法官职业伦理的角度提出什么问题？
> 2. 法官的职业定位上的中西比较。
> 3. 什么是当代中国法官在司法实践中的定位？
> 3. 当代中国法官职业伦理的分析。
> 4. 当代中国法官履职规范及其分析。

一、影片《真水无香》的故事梗概及其讨论

（一）影片《真水无香》的故事梗概

《真水无香》是2006年上映的一部具有代表性的法律题材电影。影片以宋鱼水法官办案为贯穿线索，用平实朴素的风格剖析了宋鱼水法官曾办理的几个普普通通却发人深省、令人感叹的案件：张先生输了官司，可并不服气，他觉得生产自己开发的产品并没有错，法律判他侵权是不公正的……高中汉被生产伪劣产品的厂商骗了，本以为揣着良心上法庭就能胜诉，但在遭到败诉后，一念之差走上了绝路……林万成的老字号商标十年前被别人抢注，如今反被对方告上了法庭。那浸着数代人心血的商标，不再属于老林家！林万成无法面对现实，失去了理智……一个白发苍苍的陈老太太，坚持要为53年前的冤案平反……

对于上述四个典型案例，宋鱼水和她的同事是怎样进行处理的、处理的具体方式等直接被搬上银幕，让观众能够看到一名优秀的法官及其同事的司法实践及探索，如何在最大限度上维护法律权威的同时，也尽最大的努力去化解矛盾。于是，张先生在宋鱼水

"再努力一次"的来电后,恢复了对法律的信心,决定上诉;林万成也在宋鱼水不抛弃、不放弃、锲而不舍、攻坚克难的精神感染下,终于同意坐下来再谈谈,跟继任者一起接受了人民法院的调解方案;陈老太太在宋鱼水的耐心陪伴下,感受到被关爱、被尊重、被理解、被信任,心中的疙瘩终于解开……

简言之,影片故事简洁、语言质朴、细节生动,通过把宋鱼水置于理想与现实、法理与情理的冲突之中,成功塑造了宋鱼水公正执法、一心为民,忠诚地实践党的宗旨的人民法官形象,是一部反映时代主旋律的好影片。

(二) 对影片中涉及的人物及关于法官职业伦理进行的讨论

1. 围绕人物角色的讨论

有三位同学发表了各自不同的观点,请问你支持哪种观点,并说明理由。

(1) 在张先生、高中汉、林万成、陈老太太四个关键案件中最令你感叹和深省的点是什么?

同学A:林万成的案子最令我感叹,有理的一方不占法,有法的一方不占理。这应该是法律意识淡薄所造成的,这是普法上还存在不够全面的情况下不可避免发生的情形。他们对司法判决失望的主要原因是自己的利益被别人依法占有了,倘若他们多知道一些法律常识,完全可以避免此类不必要的损失。

同学B:在张先生、高中汉、林万成、陈老太太这四个案件中,当事人一开始对法律几乎没有什么了解,甚至以为揣着良心上法庭就能胜诉,从而导致对一开始的司法判决是失望的。

同学C:在这四个案子中我最感叹的是高中汉的案件。高中汉由于本人和身边人都没有对法律条例拥有清楚的认知,依据签订的有关锅炉合同他在庭审中只能败诉,他本人因为对司法判决的失望选择从广告牌上跳下来,终身残疾。我们常说法不容情,这恰恰印证了在庭审判决中法官们所依据的是证据,但是在这证据的背后也应存在情理,高中汉案件中高中汉的确没有按照所签订的合同自行对锅炉进行维修,但是锅炉本身存在着质量问题也是事实,可是就因为高中汉没有第一时间要求厂家维修而是自我修理,造成了这场庭审中的败诉,这样对于并不富裕的高中汉而言是怎样的打击与失望啊,对于普通百姓而言他们对司法判决的理解是对得起自己的良心。

(2) 法院要实现人民群众认同的司法公正的最大挑战是什么?

同学A:法院要实现人民群众认同的司法公正的最大挑战就是向人民群众普及司法

知识,并让他们在日常生活中就注意到法律问题,有意识地运用法律保护自己、规范自己。

同学 B:要让人民群众认同司法的公正就得先让人民群众知法懂法,法官在符合法律的条件下,可以设身处地地为他们考虑,并寻找最合适的解决方案。

同学 C:高中汉在后面的谈话中说他最恨的其实是他自己,说明他本人也意识到自己法律观念的淡薄为自己带来了什么后果,因此我认为法院实现人民群众认同司法公正的最大挑战就是法律知识的普及,当人民群众真正地懂法知法时,才能明白司法判决是公平公正的,也能知晓在法理之下情理的无奈。

(3) 党中央对司法系统提出要求:"让人民群众在每一个司法案件中感受到公平正义",影片中宋鱼水法官和她的同事为让败诉者理解司法判决的公正性做了哪些工作?

同学 A:他们通过电话沟通、医院探访、与群众面对面沟通等多种方式来让败诉者理解司法判决的公正性。同时,他们也会向败诉者建议如何在合法的情况下争取更多的利益。

同学 B:影片中宋鱼水法官和她的同事不断尝试联系败诉者,努力向他们解释判决的依据,让他们认同司法的公正,并且在符合法律的条件下,设身处地地为他们考虑,并寻找最合适的解决方案从而达成和解。

同学 C:宋鱼水法官和她的同事不断地对败诉者进行回访以及沟通。对于电影中四个案件的主人公,他们都有努力地试图在法理和情理之间能找到一个平衡点,力争在不违反法理的前提下也充分发挥情理。其中最让我感动的是宋鱼水法官对陈老太太最后说的那句"大妈,您一直都是为爱而活着"。我觉得宋鱼水法官真正地让案件当事人在最大程度上得到了情理上的温暖,宋鱼水法官的话或许会让陈老太太与过去的种种和解。

2. 就法官职业伦理进行的讨论

(1) 观影前你对法官的职业印象是怎样的?观影后又有怎样新的认知?

同学 A:观影前对法官的职业印象是法律的执行者,通过法庭审判的形式代表法律审判违法行为,维护法律尊严。观影后对法官有了更深的印象,法官是执掌天平的人,他们不仅仅掌握着法理的天平还掌握着情理的天平。在理性的背后有着感性的支撑,在维护法律威严的前提下也会充分展示人情的温暖。

同学 B:观影前,感觉法官是庄严神圣的,法官不会掺杂个人感情,依法处理判决案件。观影后,发现法官在对案件依法判决的同时,也会考虑到情理,并做出较为合理的调解。

同学 C：观影前我认为法官的形象是一丝不苟、铁面无私，以法律规则至上为原则的，法官是最公平公正的职业。因为影视剧的影响我甚至会认为法官在生活中也是一板一眼的人，但是在观看《真水无香》后我对法官的认知从原来的铁面无私转变为他们也是有血有肉之人，他们也会不断地寻求情理与法理之间的平衡，真正地为百姓们提供双赢的判决，推动我国法制建设的不断完善。

（2）当情理与法相互冲突时，作为法官，你认为应该站在哪一方？为什么？

同学 A：作为法官，我认为他们更应该站在法的一边。法官作为法的代言人，要掌控好法律天平，审判时不应当为情理所困，但同时他们也可以充分利用法律，维护公民利益，将双方矛盾降到最低，将双方损失降到最低。

同学 B：作为法官，更应该坚持法，他们相比于普通民众更懂法，当情、理与法相互冲突时，在符合法律的条件下，应尽可能寻找最合适的解决方案。

同学 C：作为法官，我认为应该坚持法理。法官职业的存在就是依据国家的法律规定为每一位当事人作出公正的判决，当普通公民更多地坚持情理时，法官的存在则坚持了法理，这就能在一定程度上实现情理和法理的平衡，这或许也是实行英美法系的地区存在来自各行各业的陪审团的一方面原因吧。

（3）法律的权威靠什么？是靠法条，靠国家暴力机器，还是靠说理、理解和接纳？

同学 A：法律的权威靠法官的审判与法条的宣传。过去扫文盲，现在扫法盲。只有充分普法才能充分展示法律权威。

同学 B：法律的权威靠的是人民群众的信任。法律面前人人平等，只有让人民群众感受到法律的公平和正义，人民群众才会信任法、拥护法。

同学 C：我认为法律的权威既靠法条也靠说理、理解和接纳。一方面，法条是基础，因为法条的存在才能使人民群众对法律产生敬畏感；另一方面，法条的设立也需要人民群众的理解和接纳，只有当人民群众认可法律时，法律才能奠定它的权威性，真正做到对社会秩序起规范作用。

（4）当情理与法相互冲突时，作为普通公民，你认为应该站在哪一方？为什么？

同学 B：我认为作为普通公民应该坚持情理。法律的存在是为了维持社会的秩序，但我们不是每个人都对法律了如指掌，我们每个人应保留属于自己的爱，当我们心中充满爱的时候需要法律的地方也相应地在减少。如果我们坚持情理，更多的时候处理问题只需要调解而非上诉，很多时候法律双方当事人在生活中也是抬头不见低头见的远亲近邻，条条框框的法律条文或许在当事人之间有一方得到法律上的胜利，但是在情理上我们赢了吗？唯有当我们坚持情理之时，未来关系才有可能得到延续。

二、法院的职责安排及法官职业伦理

（一）法院的职责安排

1. 国外对法院的职责安排

（1）美国

美国是英美法系国家，注重法典的延续性，以传统、判例和习惯为判案依据。美国法院则是三权分立体制下的鲜明产物，享有司法权，其与享有行政权的政府、享有立法权的国会之间形成相互独立又互相制衡的格局。法院组织分为联邦法院和州法院两大系统，适用各自的宪法和法律，管辖不同的案件和地域。

联邦法院系统又分为联邦法院、专门法院、联邦地方法院和联邦上诉法院。联邦法院即美国最高法院，根据美国宪法第三条所创立，对涉及大使、其他使节和领事以及以州为当事人的一切案件具有初审权，对上述所有其他案件具有上诉审理权。专门法院有受理向政府要求损害赔偿案件的索赔法院，受理关税上诉案件和专利权案件的关税和专利权上诉法院，具有部分司法权的联邦贸易委员会和国家劳工关系局等行政机构。联邦地方法院是普通民事、刑事案件等初审法院，共有94个地级审判法院。联邦地方法院一般为独任审理，重大案件由3名法官组成合议庭并召集陪审团进行审理。联邦上诉法院分设在全国12个司法巡回区，受理本巡回区内对联邦地方法院判决不服的上诉案件，以及对联邦系统的专门法院的判决和某些具有部分司法权的行政机构的裁决不服而上诉的案件。联邦上诉法院的案件一般由3名法官合议审理，不需陪审团。

州法院系统分为三级，包括基层法院、州上诉法院和州最高法院。基层法院为州属管辖的一般民刑事案件的初审法院，其下还设立不列为审级的小型法院，如县、市和警察法院，或家事、遗嘱验证、遗嘱处理、交通和小额索赔法院等专门法庭或法院。州上诉法院为中级上诉法院，审理不服州初审法院判决的上诉案件。州最高法院是州的最高审级，一般由终审法院首席法官、1名副首席法官和3名大法官组成。有的州分设民事最高法院和刑事最高法院。

（2）德国

德国是联邦制国家，属于大陆法系，成文法是其主要法律渊源。除了联邦（普通）法院(作为负责审理民事案件和刑事案件的最高法院)和联邦宪法法院具有独立地位外，其他联邦法院均隶属于联邦政府各有关部门。联邦行政法院隶属于联邦内政部，联邦财政法院隶属于联邦财政部，联邦劳动法院和社会法院隶属于联邦劳工部。相应地，各州只有州宪法法院、州高等法院、州法院和基层法院具有独立地位，其他法院分别隶属于相关政府部门。德国行政审判权由各级行政法院与劳动法院、社会法院、财政法院等共同行使。

德国的法院体系中，联邦宪法法院享有最高的特殊地位。其审判活动不受任何组织和个人干涉，由两个判决委员会(各8名成员)组成第一庭和第二庭。第一庭负责受理法规审查案件和宪法诉愿案，第二庭管辖基本权利案、宣告政党违宪案、对总统和法官提起的弹劾案、联邦与州及州与州之间的分歧案等。

除了联邦宪法法院以外，德国的联邦法院系统分为普通法院和专门法院。普通法院主要审理刑事案件和民事案件，实行四级三审终审制。最高级为联邦法院，由12个民事判决委员会和12个刑事判决委员会组成，每个委员会由5名法官组成，实行合议制。接下来是州高等法院，作为上诉法院，不享有第一审民事案件管辖权，只负责审理因不服州法院第一审终局判决而上诉的案件。州法院有两个民事审判机构——民事法庭和商事法庭，两个刑事审判机构——小刑事法庭和大刑事法庭。初等法院是德国的基层法院，审理民事案件时，由法官独任审判，审理刑事案件时依据案件性质组成独任法庭、陪审法庭或大陪审法庭进行审判。

专门法院包括行政法院、财政法院、劳动法院、社会法院、专利法院、军事法院和惩戒法院等。在这些法院的联邦一级，设有一个最高法院联合判决委员会，以解决这些法院之间管辖权的争议。这个委员会的常设委员由5个法院的院长组成，当发生争议时，由两个争议法院各派1名副院长和1名法官参加进来，以做出决定。德国法院体系除了大陆法系国家的共同特点——设有宪法法院——外，突出的特点是有一个复杂的行政法院体系。

2. 我国对法院的职责安排

我国《宪法》第一百二十八条对我国法院的性质做了明确规定，即中华人民共和国法院是国家的审判机关。《中华人民共和国人民法院组织法》第二条也进行了类似规定，并指出人民法院通过审判刑事案件、民事案件、行政案件以及法律规定的其他案件，惩罚犯罪，保障无罪的人不受刑事追究，解决民事、行政纠纷，保护个人和组织的合法权益，监督行政机关依法行使职权，维护国家安全和社会秩序，维护社会公平正义，维护国家法制统一、尊严和权威,保障中国特色社会主义建设的顺利进行。

我国法院的设置模式和法律地位,是由我国国情决定的,也是由我国的国体和政治制度所决定的。作为国家的审判机关,人民法院依照法律规定独立行使审判权,不受行政机关、社会团体和个人的干涉。《宪法》规定,各级人民法院由同级的国家权力机关产生,并对其负责,受其监督。同时,最高人民法院是最高审判机关。最高人民法院监督地方各级人民法院和专门人民法院的审判工作,上级人民法院监督下级人民法院的审判工作。

我国《法官法》第二条规定,法官是依法行使国家审判权的审判人员,包括最高人民法院、地方各级人民法院和军事法院等专门人民法院的院长、副院长、审判委员会委员、庭长、副庭长和审判员。

由此,作为代表国家行使国家权力的法官,其职责主要是依法进行审判工作,公正地对待当事人和其他诉讼参与人,对一切个人和组织在适用法律上一律平等对待。院长、副院长、审判委员会委员、庭长、副庭长和审判员除履行审判职责之外,还应当履行与其职务相适应的职责。此外,法官还必须依法审查起诉以决定是否立案;依法裁定予以减刑、假释;依法裁定采取诉前保全或者先予执行措施;依法裁定采取诉讼保全措施;依法对妨害诉讼者决定给予强制措施;依法解决下级法院之间管辖权争议;依法指导下级法院工作;依法向有关单位提出司法建议等;同时必须办理下列事项,即处理不需要开庭审理的民事纠纷和轻微的刑事案件,指导人民调解委员会的工作。

2004年11月,中共中央组织部、最高人民法院、最高人民检察院联合下发了《关于进一步加强地方各级人民法院、人民检察院考试录用工作的通知》,规定实行统一招考制度,切实严把进人关,地方各级人民法院、人民检察院补充工作人员,一律实行省级统一招考制度,除省级考试录用主管机关外,其他机关及人民法院、人民检察院不得自行组织招考。《法官法》第十八条规定,法官的任免,依照宪法和法律规定的任免权限和程序办理。我国法律规定对初任法官采用考试、考核的办法,按照德才兼备的标准,从具备法官条件的人员中择优提出人选,也可根据审判工作需要,从律师或者法学教学、研究人员等从事法律职业的人员中公开选拔法官。上级人民法院法官则一般采取逐级遴选的方式予以任用,而各级人民法院院长则由同级人民代表大会选举和罢免,副院长、审判委员会委员、庭长、副庭长和审判员,由院长提请本级人民代表大会常务委员会任免。

《法官法》第十一条规定,法官享有下列权利:履行法官职责应当具有的职权和工作条件;非因法定事由、非经法定程序,不被调离、免职、降职、辞退或者处分;履行法官职责应当享有的职业保障和福利待遇;人身、财产和住所安全受法律保护;提出申诉或者控告;法律规定的其他权利。

为保证法官正确履行法定职责,《法官法》第十条规定,法官应当履行下列义务:严格遵守宪法和法律;秉公办案,不得徇私枉法;依法保障当事人和其他诉讼参与人的诉讼权利;维护国家利益、社会公共利益,维护个人和组织的合法权益;保守国家秘密和审判工作秘密,对履行职责中知悉的商业秘密和个人隐私予以保密;依法接受法律监督和人民群众监督;通过依法办理案件以案释法,增强全民法治观念,推进法治社会建设;法律规定的其他义务。

(二) 我国法官在司法实践中的定位

德国学者拉德布鲁赫在其著作《法学导论》中曾说过:"法官是法律由精神王国进入现实王国控制社会生活关系的大门,法律借助于法官而降临尘世。"爱伦·豪切斯泰勒·斯黛丽和南希·弗兰克在《美国刑事法院诉讼程序》中指出:"法官是公正、公平和礼节的集中体现,如果法官不尊重自己,法院的尊严就可能被损害;如果法官堕落,司法的信任就将被糟蹋。为维护法院的尊严和尊敬,经常要用比其他人更高的标准要求法官。"类似的国外学者对法官的角色定位,同样也是中国法官所应当追求的理想标杆。具体来说,国家与社会对法官的角色期待可归纳为以下五种角色。

(1) 法律运行的实践者。法律是统治阶级控制社会的多种手段之一,占据着维护社会秩序的重要地位。当然要实现其目标的前提要件乃是制定出的法律能够在社会生活中得以严格遵守与执行,然而,"徒法不足以自行",若缺少执行者,或者执行者不合格、不公正,那么法律就因得不到有效实施而沦为一纸空文,从而失去其应有的效力和权威。正如马克思所说:"要应用法律就需要法官。如果法律可以自动运用,那么法官就是多余的了。"因此,在技术尚未发达至能够完全自动运用法律条文予以裁判的情况下,法官便是保障法律有效实施的必要且不可或缺的执行者。其行为层面的基本要求是根据现行有效的法律,在审判活动中正确适用法律,将应然的法律变为实然的法律,将静态的法律变为动态的工具以解决各类纠纷。其思想层面的要求是必须忠诚于法律和法治精神。若司法人员在执行的过程中偏离法律,甚至知法犯法,不仅是不尊重法律、不信仰法律的自我迷失,更是对法律和司法权威与公信力的严重危害。

(2) 是非纷争的裁决者。在人类社会发展的历史长河中,和平是主流,但是矛盾、冲突乃至争端的发生亦是常态。针对后者,人类运用其智慧生成了和解、调解、仲裁、诉讼与裁决等处理方式。诉讼与裁决属于终端解决方式,是最后的保障、最后的正义,体现了司法最终解决原则。我国《宪法》规定人民法院依法独立行使审判权,即只有法院才有权依据法律对诉讼案件予以裁决并决定最终结果,其他机关不得共享,而法院的审判权外显为法官经由法律所规定的诉讼程序进行裁判以实现矛盾纠纷的终端解决行动。这既是纠纷解决制度设计的重要内容,也是纠纷处理正当化机能的必然要求。然而,裁决结果的落实虽有国家强制力的保障,但其正当性的获得还需经过民众认同,而认同的基础是裁决者对是非纷争作出让人民能够满意的判决结果。当裁决缺失公正时,法官作为是非纷争的裁决者就是不合格的,当出现司法腐败时,更是违法的。

(3) 公平正义的维护者。自人类社会产生以来,正义便成为被人们普遍认可并孜孜追求的崇高价值,是对是非、善恶做出的肯定性评断,与"公正"同义。然而,正如美国法理学家博登海默所说:"正义有着一张普洛透斯似的脸,变幻无常,随时可呈现不同的形状并具有极不相同的面貌。"这表明正义的概念是相对的,不同的社会和不同的阶级有着不同的正义观,需谨慎并个性化对待。其中法律作为实现正义的重要手段,意味着需要依法对相关行为予以正义与非正义的准确定性,并当非正义的违法行为出现时,运用具有国家强制性保障的法律条款予以惩戒,以保护社会主体的合法权益。这一过程是由法官所执行的,是公平、公正、公开的,不可偏袒任何一方当事人。法官严格按照"以事实为根据,以法律为准绳"的基本原则来审判,并成为公平正义的代言人,这既是法治建设的基本要求,也是人民的殷切期盼。正所谓,法官是维护社会公平正义的最后一道防线,这道防线的守卫者在暴力面前不能丧失信心,在利益面前不能向诱惑投降。

(4) 法治文化的传播者。法治文化是社会文化进步发展到新的历史阶段的标志,是依法治国、建设社会主义法治国家所需的时代强音,更是日常生活和社会经济发展实践所必须依凭的理念。在该阶段文化的传播与贯彻过程中,离不开市场经济基础稳固和秩序健全、法治化的制度和体制设计到位、社会治理方式和程序改善、司法体系完备高效等条件。法官作为司法体系的一员,是通过其审判活动传播法治文化的当然责任主体。同时法治文化也对司法工作队伍提出了更高的要求,需要司法人员有高度的文明素养、庄严的使命感、自觉的敬业和献身精神,才能忠诚地代表法律和人民的利益,唯一地为着人类的真理和正义行使手中的权力,称职地承担起自己的责任。法官不得以其身份、地位、声誉谋取利益,而要在审判活动中保持中立的态度,以法服人,树立法律的权威。而法官所作的判决兼具结果判定与价值判断功能,后者有助于塑造和提高当事人的法治观念,并借由媒体宣传而直接影响全体社会成员以及中国法治文化的整体建设，亦会自然融入社会价值体系，并作为社会制度的基本思想发挥着构建制度大厦的作用。

（5）依法治国方略的实践者。人民法院在依法治国进程中担负着重要职责和任务，法官队伍是实践依法治国方略的重要主体。法治的一个极为重要的特征就是法律主治，主治表现为"主导性"和"至上性"。"主导性"是指法律成为社会有序化的主导模式；"至上性"则是法律具有至高无上的权威。因此，作为司法工作者的法官必须对法律及法治具有永不衰竭的巨大热情，使法律得到严格的遵从和捍卫。

（三）法官的职业伦理

正如前文所论述，法官作为国家法律机器的操作者，是社会秩序有效运作机制的维护者，是法律公平正义的守护神，也是法治精神和法治文明的传播者。但是，如果法官在参与法治运行过程中缺乏法治信仰和精神追求，没有以宪法精神确立起规则至上的信念，就不可能真正有能力承担上述崇高角色，法治也会随之成为泡影。于是，伴随着司法职业化的形成，法官职业伦理逐渐被重视，学界、实务界就法官职业伦理问题进行过多次深入探讨。有学者提出了法官职业伦理应具备可操作性与应用性，法官职业伦理应包括忠诚、公正、廉洁、文明、严谨五个层面，法官应具有中立性、超然性和自律性，法官职业伦理建设势在必行等观点。也有学者认为，法官职业伦理是法官所应遵循的行为规范、理念、信念及价值选择的总和，是法官职业共同的精神追求，具有业内业外活动均要求的一体性。这既表现为显在的法律从业行为，也包括潜在的法律信念、法律意识等精神风貌；既对其业内活动有规范，也对其业外活动有要求。而辐射至法官业内外活动领域的规范要求既源自法律也源自道德，并被型构为法官职业伦理方面的法律条文，是事后对法官进行追责的标准和依据。由此，发展出的法官职业伦理类型众多、内涵深刻。

有学者对法官职业伦理进行了全面的类型划分。[①] 根据法官职业伦理的规范形式将其分为规范性职业伦理和观念性职业伦理，根据程序内外的属性划分为程序内职业伦理和程序外职业伦理，根据法官等社会角色及要求不同划分为"常人自我"伦理与法官"非我"伦理。其中，规范性职业伦理是以法律法规等规范性文件形式落定的行为准则，观念性职业伦理则较为抽象，是以某种观念、信仰、信念和精神等形式存在于人们头脑中的伦

---

① 夏黑讯.法官伦理之概念解析[J].行政与法，2007(3)：117-119.

理行为准则。程序内职业伦理是法官在司法审判程序过程中,作为裁判者所应遵循的规范、价值与理念。程序外职业伦理是法官基于特殊的社会"非我"及"常人自我"的双重角色而遵循的司法活动内外所需的一般伦理规范。法官的"常人自我"伦理是法官个人在平时生活及职业过程中遵循的符合社会伦理要求的价值、规范与观念。法官"非我"伦理是其作为法律职业共同体一员所需遵循的符合司法过程特征的价值、规范与理念。

有学者对法官职业伦理做了层次界定。[①] 第一层是基础性的、禁令性的职业化责任与职业行为规范,其关键性要素为司法廉洁,并以"五个严禁"为重要行为规范,从而保障法院环境的纯净。第二层是追求性的、善良意义上的,如独立、正直、尽忠职守等高标准个人行为规范,其关键性要素为司法良知,包括对司法公正的不懈追求、对程序正义的信守、对权利与权力的共同尊重、对平等的深刻理解、对社会的责任感、对政治的敏感性、勤奋地履行司法职责等。尤其在法律没有明确规定和外界有意干预时,法官的司法良知将决定其对价值的判断和对正义的取舍。

还有学者对职业伦理中的某一项做了深入诠释,比如"慎言"义务。[②] "法官慎言是一种司法文化,是长期司法实践中形成的经验和伦理规则,对法官个人来说,法官慎于言论是职业训练养成的一种伦理习惯和职业素养。"法官言论所产生的影响,因其所属代表群体的权威性而被放大。当法官言论不慎甚至产生错误时,可能出现三种负面效果,包括误导公众、损害法官群体的形象以及影响当事人利益等。因此,必须予以重视,尤其是对法官的言论自由予以必要限制,促进法官内心的自律,养成其言行谨慎的习惯以及个人行为的严格自律。

亦有学者对法官职业伦理的功能进行了论述。其包括促进法治国家建设目标的实现,遏制司法腐败,实现法律尊严,落实制度与人的相融等。

对于立志成为一名光荣法官的个体而言,还需认识到将法官职业伦理显要上升至职业信仰对于个人职业发展与提升的内在意义。真正具有维护社会公平正义功能的职业信仰需要尊重法律的权威,但不能盲目崇拜法律规则,更不能脱离社会实际而迷信法律条文,而要反复确证内心的司法良知,正义地追求法律精神。同时,中国的法官必须是中国特色社会主义的坚定信仰者,秉持"为大局服务,为人民司法"的政治认同、理论认同和情感认同信念,为中国特色社会主义事业建设做出贡献。在法官的职业实践过程中坚定职业目标,理解、把握并尊崇职业使命,为职业航程树立明确的灯塔。

[①] 吕芳.论中国当代法官的职业品格[J].华东政法大学学报,2011(3):151-156.
[②] 孙笑侠.论法官的慎言义务[J].中国法学,2014(1):26-47.

灯塔中的首要光点是司法为民。习近平法治思想的核心是法治要体现人民性,作为法治重要参与者的司法系统,则是要体现司法的人民性。法官作为个体,则是要践行司法为民的宗旨、正确认识司法人民性的本质与内涵,增强理论认同、实践认同和感情认同,在审判活动及其他与当事人或代理人交往过程中予以贯彻,避免陷入欲望的沟壑,向司法不公甚至是司法腐败投降。法官应坚决维护人民的合法权益,并将其作为工作的永恒价值追求,具体行为表现需要做到亲民、爱民与为民,把群众当亲人,想群众之所想,急群众之所急,帮群众之所需,以平和的心态、热情的态度、宽容的性格,给予当事人更多的人文关怀,赢得当事人的真挚感情。

灯塔中的第二光点是正确的法治信仰。法治中国、法治政府、法治社会三位一体的中国特色法治建设之路已全面开启,需要全社会在对法治正确认识的基础之上,形成法治共同体。作为法治共同体中的关键一员,法官的责任是在准确判断我国国情的基础上,内化中国特色社会主义法治理念并保持高度认同。法官应在思想上坚定"除了法律,法官没有别的上司",自觉将宪法法律视为自己的生命和荣誉,从内心深处产生对宪法法律神圣的价值追求和信念、对宪法法律高度的理性认同和情感投入。同时在实践层面,法官应自主培育出综合性、高水平的司法能力,从而在实际办案过程中领悟并展现法律的精髓,准确适用法律,智慧平衡各方利益,作出让人民群众感受到公平正义的满意判决,完成"为大局服务,为人民司法"的职业使命。

灯塔中的第三光点是坚定的政治信仰。尽管深处荆棘,法官应始终保持对马克思主义的坚定信仰、对中国特色社会主义的坚定信念、对改革开放和社会主义现代化建设的坚定信心。法官要突破习惯性认知的视阈限制,深化认识"党的事业至上、人民利益至上、宪法法律至上"的人民法院工作指导思想,在司法实践中自觉贯彻执行党的各项路线方针政策和重大决策部署,实践磨砺的过程是将职业信仰反作用于实践并在其中实现信仰的坚毅与深化。

三、法官的履职规范

法官的履职规范是法官职业伦理在实践上的具体化。

(一) 以《法官行为规范》为基础

2005年11月4日发布试行、2010年12月6日修订后发布正式施行的《法官行为规范》围绕"公正、廉洁、为民"的司法核心价值观,对立案、庭审、诉讼调解、文书制作、执行、涉诉信访处理等司法环节提出了具体的履职行为规定,其基本要求与所涉情形如下所示。

1. 立案

(1) 基本要求:保障当事人依法行使诉权,特别关注妇女、儿童、老年人、残疾人等群体的诉讼需求;便利人民群众诉讼,减少当事人诉累;确保立案质量,提高立案效率。

(2) 所涉情形:当事人来法院起诉;当事人口头起诉;当事人要求上门立案或者远程立案;当事人到人民法庭起诉;案件不属于法院主管或者本院管辖;依法应当公诉的案件提起自诉;诉讼内容和形式不符合规定;起诉材料中证据不足;遇到疑难复杂情况,不能当场决定是否立案;发现涉及群体的、矛盾易激化的纠纷;当事人在立案后询问证据是否有效、能否胜诉等实体问题;当事人在立案后询问案件处理流程或时间;当事人预交诉讼费;当事人未及时交纳诉讼费;当事人申请诉前财产保全、证据保全等措施;当事人自行委托或者申请法院委托司法鉴定。

2. 庭审

(1) 基本要求:规范庭审言行,树立良好形象;增强庭审驾驭能力,确保审判质量;严格遵循庭审程序,平等保护当事人诉讼权利;维护庭审秩序,保障审判活动顺利进行。

(2) 所涉情形:开庭前的准备;原定开庭时间需要更改;出庭时注意事项;庭审中的言行;对诉讼各方陈述、辩论时间的分配与控制;当事人使用方言或者少数民族语言;当事人情绪激动,在法庭上喊冤或者鸣不平;诉讼各方发生争执或者进行人身攻击;当事人在庭审笔录上签字;宣判时注意事项;案件不能在审限内结案;人民检察院提起抗诉。

3. 诉讼调解

(1) 基本要求:树立调解理念,增强调解意识,坚持"调解优先、调判结合",充分发挥调解在解决纠纷中的作用;切实遵循合法、自愿原则,防止不当调解、片面追求调解率;讲究方式方法,提高调解能力,努力实现案结事了。

(2) 所涉情形:在调解过程中与当事人接触;只有当事人的代理人参加调解;一方当事人表示不愿意调解;调解协议损害他人利益;调解过程中当事人要求对责任问题表态;当事人对调解方案有分歧。

4. 文书制作

(1) 基本要求:严格遵守格式和规范,提高裁判文书制作能力,确保裁判文书质量,维护裁判文书的严肃性和权威性;普通程序案件的裁判文书应当内容全面、说理透彻、逻辑严密、用语规范、文字精炼；简易程序案件的裁判文书应当简练、准确、规范；组成合议庭审理的案件的裁判文书要反映多数人的意见。

（2）所涉情形：裁判文书质量责任的承担；对审判程序及审判全过程的叙述；对诉讼各方诉状、答辩状的归纳；对当事人质证过程和争议焦点的叙述；普通程序案件的裁判文书对事实认定部分的叙述；对普通程序案件定性及审理结果的分析论证；法律条文的引用；裁判文书宣告或者送达后发现文字差错。

5. 执行

（1）基本要求：依法及时有效执行，确保生效法律文书的严肃性和权威性，维护当事人的合法权益；坚持文明执行，严格依法采取执行措施，坚决避免不作为和乱作为；讲求方式方法，注重执行的法律效果和社会效果。

（2）所涉情形：被执行人以特别授权为由要求执行人员找其代理人协商执行事宜；申请执行人来电或者来访查询案件执行情况；有关当事人要求退还材料原件；被执行财产的查找；执行当事人请求和解；执行中的暂缓、中止、终结；被执行人对受委托法院执行管辖提出异议；案外人对执行提出异议；对被执行人财产采取查封、扣押、冻结、拍卖、变卖等措施；执行款的收取；执行款的划付；被执行人以生效法律文书在实体或者程序上存在错误而不履行；有关部门和人员不协助执行。

6. 涉诉信访处理

（1）基本要求：高度重视并认真做好涉诉信访工作，切实保护信访人合法权益；及时处理信访事项，努力做到来访有接待、来信有着落、申诉有回复；依法文明接待，维护人民法院的良好形象。

（2）所涉情形：对来信的处理；对来访的接待；信访人系老弱病残孕者；集体来访；信访事项不属于法院职权范围；信访事项涉及国家秘密、商业秘密或者个人隐私；信访人反映辖区法院裁判不公、执行不力、审判作风等问题；信访人反复来信来访催促办理结果；信访人对处理结果不满，要求重新处理；信访人表示不解决问题就要滞留法院或者采取其他极端方式。

（二）法官的职业礼仪

在与人交往时，一个公民需要讲究文明礼貌，以彰显个人仪表的端庄。作为某一行业的职业工作者，则要遵守所属行业或明文规定或共识默认的一套礼节与仪式。这些礼仪是职业人士共同的表达，暗合着稳定的次序方式，也是外界评价其职业可信度的标准之一。法官的职业礼仪即其中之一,且要求会高于一般职业。因为法官的职责是代表国家司法体系的形象,通过裁决来维持社会的公平正义,每个案件都事关当事人的切身利益,广受媒体与社会大众的关注。若司法礼仪严重缺失将损害人民法院和人民法官的形象,影响司法公信力,有损法律的尊严,而规范司法礼仪则是树立司法权威、提升司法公信力的必然要件。因此,作为法官职业伦理的重要组成部分、法院文化的重要内容,司法职业礼仪应当予以严格遵守。

1. 审理案件中的司法礼仪

审理案件时是法官以其职业人姿态面对自己,面对案件诉讼参与人,甚至经由技术媒介面向社会公众的过程。无论是在法庭上还是其他工作场域,法官都应做到基本礼仪规范要求,要从改变不良习惯开始,逐渐培养出自身文明得体乃至具有法官特有的庄严气质的职业形象。

法官在与其他人员发生交往时也要遵循一定的司法礼仪。在案件审理过程中,耐心是法官必须具备的首要形式礼节,这是法官认真倾听双方当事人的陈述与辩论的基础条件,也是对方能够感知到司法对每一位案件当事人予以尊重的第一感受来源,更是案件审理能够和平有序进行的支撑性要素。其次是言语的规范与文明,包括对当事人的称谓的尊重,处理冲突性状态时克制冷静的调节语言,以及谨慎使用强制权来解决问题时的语言艺术等。

可见,法官所要遵守的司法礼仪不只是一般的职场个人礼仪或同事间的交往礼仪,更是作用于法官与案件的诉讼参与人之间的具有无声影响的礼节仪式与行为态度。司法礼仪具备平稳诉讼参与人的情绪,避免误解和抵触,让当事人深感可信赖,从而自觉服从并遵守判决结果等潜功能。

2. 业外活动中的司法礼仪

相较于审判过程中法官所要遵守的司法礼仪的明确与细致,业外活动过程中的司法礼仪因与"个体自由"之间的张力,曾一度被认为法律管不着,纪律管理不宜太细。但是,随着法官业外活动对公正司法与法官形象的影响的必然性的发生,对法官业外活动的约束也成为必须。例如,法官从事各种职务外活动,应当避免使公众对法官的公正司法和清正廉洁产生合理怀疑,避免影响法官职责的正常履行,避免对人民法院的公信力产生不良影响;法官必须杜绝与公共利益、公共秩序、社会公德和良好习惯相违背的,可能影响法官形象和公正履行职责的不良嗜好和行为;法官应当谨慎出入社交场合,谨慎交友,慎重对待与当事人、律师以及可能影响法官形象的人员的接触和交往,以免给公众造成不公正或者不廉洁的印象,并避免在履行职责时可能产生的困扰和尴尬;法官不得参加带有邪教性质的组织;法官在职务外活动中,不得披露或者使用非公开的审判信息和在审判过程中获得的商业秘密、个人隐私以及其他非公开的信息;法官不得参加营利性社团组织或者可能借法官影响力营利的社团组织;法官可以参加有助于法制建设和司法改革的学术研究和其他社会活动,但是,这些活动应当以符合法律规定、不妨碍公正司法和维护司法权威、不影响审判工作为前提;法官发表文章或者接受媒体采访时,应当保持谨慎的态度,不得针对具体案件和当事人进行不适当的评论,避免因言语不当使公众对司法公正产生合理的怀疑;法官退休后应当继续保持自身的良好形象,避免因其不当言行而使公众对司法公正产生合理的怀疑等。这些约束对法官在业外活动的空间维度和时间维度均做出了要求,在空间维度上对可能参与的各种公共场合均提出了相呼应的规范要求,在时间维度上一直延伸至退休之后。可见,无论在什么时间什么地点,法官都应谨记其职业身份,以高标准严要求对待自己,这是一类极高的职业礼仪修养。

此外,各地方规则也渐次制定关于约束法官业外活动的若干规定,以防止法官在业余时间或因外部力量诱导,或因自觉自律意识匮乏,而做出影响司法公正、损害法官形象、有悖社会公德的行为,并积极倡导和鼓励健康有益、积极向上的工作和生活方式。例如,衢州市中级人民法院2007年发布了《关于严格约束法官业外活动的若干规定(试行)》,规定了"不得违反政治纪律,散布有损党和国家声誉的言论;不得泄露审判秘密、工作秘密和其他国家秘密;不得参加律师事务所、中介机构和可能与自己正在审理的案件有利害关系的企事业单位组织的座谈、研讨、开业或庆典等活动;不得私自会见案件当事人、诉讼代理人、辩护人及与案件有利害关系的人,以及接受案件当事人、诉讼代理人、辩护人及与案件有利害关系的人以任何名义赠送的礼金、有价证券、支付凭证、'干股'和贵重物品"等十七条禁止性规定,以及"案件当事人、诉讼代理人、辩护人或与案件有利害关系的人所送钱物无法退回或推辞不掉的;在不知情的情况下参加了与审理的案件有关的宴请或娱乐活动,事后知晓的;在公共场所和社会交往中与他人发生纠纷造成影响的;本人发生违法违纪的或因涉嫌违法违纪行为被公安、检察机关、纪检监察机关调查询问的;本人婚姻关系发生变化的;本人因私出国(境)和在国(境)外活动的;其他应报告的重大事项"等七条应当向组织报告等重大事项。2014年伊春市中级人民法院发布了关于法院干警业外活动"九个不准"的规定:① 不准穿着制服出入餐饮、娱乐等消费场所,不得酗酒;② 不准非工作时间非工作地点讨论和泄露与审判和案件有关的内容;③ 不准参加当事人、代理人、律师或其他相关人员的宴请,不得接受其赠送的财物或由其出资旅游;④ 不准参加经商,从事第二职业、有偿中介活动和兼职收取酬金;⑤ 不准向当事人或其他与案件有关的人员借钱借物或托其购物办事;⑥ 不准参与赌博或变相赌博活动;⑦ 不准酒后驾车或用公车参与婚丧活动;⑧ 不得出入高消费娱乐场所,严禁参与"三陪"、异性按摩或其他淫秽陪侍等色情活动;⑨ 不准利用本人或家庭成员婚丧、生病、升学、生日等时机铺张浪费或借机敛财;不得违反社会公德,不准参加有碍社会公德或有伤社会风化的活动。

(三) 法官的职业纪律

2009 年 1 月 8 日,最高人民法院颁布了"五个严禁"的规定,作为每个法官所要遵守的纪律底线。其内容即严禁接受案件当事人及相关人员的请客送礼;严禁违反规定与律师进行不正当交往;严禁插手过问他人办理的案件;严禁在委托评估、拍卖等活动中徇私舞弊;严禁泄露审判工作秘密。该"五个严禁"的提出具有划时代的理论意义与实践价值,是人民法院践行司法为民,主动回应人民群众司法公正、公平需求的积极表现。

2015 年 3 月,中共中央办公厅、国务院办公厅印发《领导干部干预司法活动、插手具体案件处理的记录、通报和责任追究规定》。2015 年 3 月,中共中央政法委员会印发《司法机关内部人员过问案件的记录和责任追究规定》。2015 年 9 月,最高人民法院、最高人民检察院、公安部、国家安全部、司法部印发《关于进一步规范司法人员与当事人、律师、特殊关系人、中介组织接触交往行为的若干规定》。上述三项规定被简称为司法领域的"三个规定",是为贯彻落实《中共中央关于全面推进依法治国若干重大问题的决定》,保障司法公正,而对法官各项职业活动所应遵循的各类职业纪律所做的细致规定。并且,其已在司法领域产生了广泛的作用和影响。

(四) 法官的职业道德

根据 2010 年 12 月 6 日修订后重新发布的《中华人民共和国法官职业道德基本准则》,法官职业道德的核心是公正、廉洁、为民;基本要求是忠诚司法事业、保证司法公正、确保司法廉洁、坚持司法为民、维护司法形象。

1. 忠诚

忠诚是对法官政治品性方面的要求,彰显了我国法官的政治本色。忠诚具体包括以下几个方面的内容:牢固树立社会主义法治理念,忠于党,忠于国家,忠于人民,忠于法律,忠于司法事业。忠诚于党是忠于党的宗旨——全心全意为人民服务。忠于国家,要时刻谨记维护国家利益,遵守政治纪律,保守国家秘密和审判工作秘密,不从事或参与有损国家利益和司法权威的活动,不发表有损国家利益和司法权威的言论。忠于人民,是把广大人民的利益放在至高之位。忠于法律,是信仰马克思所言"法官是法律世界的国王,除了法律就没有别的上司",尊崇和信仰法律,模范遵守法律,严格执行法律,自觉维护法律的权威和尊严。忠于司法事业,是坚持和维护中国特色社会主义司法制度,热爱司法事业,珍惜法官荣誉,坚持职业操守,恪守法官良知,牢固树立司法核心价值观,以维护社会公平正义为己任,认真履行法官职责。

2. 公正

维护公平与正义是法官参与我国法治化进程的主要职责,也是法官职业道德的核心和本质。《法官行为规范》第二条明确规定,法官应坚持以事实为根据、以法律为准绳,平等对待各方当事人,确保实体公正、程序公正和形象公正,努力实现办案法律效果和社会效果的有机统一,不得滥用职权、枉法裁判。具体来说,法官在审判活动中不能夹带私心,不能为强权所左右,不能从个人、家庭和小团体利益出发去思考与决断;必须严格执行法律面前人人平等的原则,实事求是、严谨周密地审查争议事实。公正道德要求法官坚持和维护人民法院依法独立行使审判权的原则,客观公正审理案件,在审判活动中独立思考、自主判断,敢于坚持原则,不受任何行政机关、社会团体和个人的干涉,不受权势、人情等因素的影响;坚持以事实为根据,以法律为准绳,努力查明案件事实,准确把握法律精神,正确适用法律,合理行使裁量权,避免主观臆断、超越职权、滥用职权,确保案件裁判结果公平公正;牢固树立程序意识,坚持实体公正与程序公正并重,严格按照法定程序执法办案,充分保障当事人和其他诉讼参与人的诉讼权利,避免执法办案中的随意行为;严格遵守法定办案时限,提高审判执行效率,及时化解纠纷,注重节约司法资源,杜绝玩忽职守、拖延办案等行为;认真贯彻司法公开原则,尊重人民群众的知情权,自觉接受法律监督和社会监督,同时避免司法审判受到外界的不当影响;自觉遵守司法回避制度,审理案件保持中立公正的立场,平等对待当事人和其他诉讼参与人,不偏袒或歧视任何一方当事人,不私自单独会见当事人及其代理人、辩护人;尊重其他法官对审判职权的依法行使,除履行工作职责或者通过正当程序外,不过问、不干预、不评论其他法官正在审理的案件。

3. 清廉

所谓"清正在德,廉洁在志"。法官作为公平正义的守护者,清廉是其职业道德的重要内容。若法官在审判前后没有坚定的意志,经不住权力、金钱、美色的考验,那么在行使审判权的时候便难以秉持公允。一次判案的不公,带来的不只是当事人的抱怨与上访,更是全社会对司法公正的质疑与否定,而缺乏社会对司法公正的认同,整个司法体系的权威根基便会被动摇。因此,法官群体必须以司法公正为核心,始终保持清正廉洁,以一身浩然正气面对各类利益纠葛主体,并督促家庭成员,以避免侧面被攻陷。

《法官行为规范》第四条规定,法官应"遵守各项廉政规定,不得利用法官职务和身份谋取不正当利益,不得为当事人介绍代理人、辩护人以及中介机构,不得为律师、其他人员介绍案源或者给予其他不当协助"。《中华人民共和国法官职业道德基本准则》第十五条至第十八条做了明确的规定,要求树立正确的权力观、地位观、利益观,坚持自重、自省、自警、自励,坚守廉洁底线,依法正确行使审判权、执行权,杜绝以权谋私、贪赃枉法行为;严格遵守廉洁司法规定,不接受案件当事人及相关人员的请客送礼,不利用职务便利或者法官身份谋取不正当利益,不违反规定与当事人或者其他诉讼参与人进行不正当交往,不在执法办案中徇私舞弊;不从事或者参与营利性的经营活动,不在企业及其他营利性组织中兼任法律顾问等职务,不就未决案件或者再审案件给当事人及其他诉讼参与人提供咨询意见;妥善处理个人和家庭事务,不利用法官身份寻求特殊利益,按规定如实报告个人有关事项,教育督促家庭成员不利用法官的职权、地位谋取不正当利益。

4. 效率

除忠诚、公正、清廉之外,效率也是法官职业道德的关键词汇。在每年案件量激增、案件难度日趋增大,而法官数量增加有限的情况下,效率既是外界的期盼,也是司法管理的标准,更是法官工作消解繁重负担的自我期许。从外部视角来说,如果案件久拖不决,将有损人民群众对司法的信心,难以实现应有的群众满意度。从内部管理来看,积极应用人工智能技术、调整效率考核方案也是管理层面的挑战。而《法官行为规范》基于回应民众期待,达到管理要求而生成的对于法官个体行动层面的要求,于第三条规定法官应"树立效率意识,科学合理安排工作,在法定期限内及时履行职责,努力提高办案效率,不得无故拖延、贻误工作、浪费司法资源"。为此,法官必须具备高度敬业和奉献的精神,保持学习以做到精通业务,成为审判工作的行家里手。

四、法官职业伦理的法律责任

法官职业伦理,作为一类特殊的职业伦理,关涉司法公正的实现,其不是可选项,而是必选项。为避免被规范主体存有侥幸心理与投机行为,在法官职业伦理制度化进程中,渐次出台并配套了相应的强制性措施,对违反法官职业伦理的诸多行为规定了责任形式。《法官法》将政策规定上升至法律层面,赋予对法官惩处的法律依据与效力,例如,第二十条规定法官因违纪违法不宜继续任职的应当依法提请免除其法官职务,第四十六条对法官所应予以处分的行为做了规定,若构成犯罪,需依法追究刑事责任。由此看出,若法官违反职业伦理所可能承担的责任依情节轻重而划分为以下两大类。

1. 纪律责任

法官在从业过程中主要经历的过程包括办案过程、审判过程和执行过程,三个过程均有相对应的纪律责任规定。

《人民法院工作人员处分条例》明确了违反政治纪律、违反办案纪律、违反廉政纪律、违反组织人事纪律、违反财经纪律、失职行为、违反管理秩序和社会道德等七大类违纪行为,并规定了警告、记过、记大过、降级、撤职、开除六类处分形式。其中,警告时限为6个月,记过时限为12个月,记大过时限为18个月,降级和撤职时限为24个月。与此同时,处分还与法官的经济收益及职位升降挂钩,处分期间不得晋升职务、级别,其中,受记过、记大过、降级、撤职处分的,不得晋升工资档次;受撤职处分的,应当按照规定降低级别。受开除处分的,自处分决定生效之日起,解除与人民法院的人事关系,不得再担任公务员职务。同时有两种以上需要给予处分的行为的,应当分别确定其处分种类。应当给予的处分种类不同的,执行其中最重的处分;应当给予撤职以下多个相同种类处分的,执行该处分,并在一个处分期以上、多个处分期之和以下,决定应当执行的处分期。在受处分期间受到新的处分的,其处分期为原处分期尚未执行的期限与新处分期限之和。处分期最长不超过48个月。

同时,《人民法院审判纪律处分办法》第二十二条至第六十九条共规定了48条在审判过程中应受违纪处分的情形。《人民法院执行工作纪律处分办法(试行)》第二条至第三十五条共规定了34条在执行过程中应受违纪处分的情形。

2. 刑事责任

法官的行为如果严重违反法官职业伦理,不仅会受到纪律处分,若构成犯罪的,还要依法追究刑事责任,对此《法官法》第四十六条做了十项明确规定:一是贪污受贿、徇私舞弊、枉法裁判的;二是隐瞒、伪造、变造、故意损毁证据、案件材料的;三是泄露国家秘密、审判工作秘密、商业秘密或者个人隐私的;四是故意违反法律法规办理案件的;五是因重大过失导致裁判结果错误并造成严重后果的;六是拖延办案,贻误工作的;七是利用职权为自己或者他人谋取私利的;八是接受当事人及其代理人利益输送,或者违反有关规定会见当事人及其代理人的;九是违反有关规定从事或者参与营利性活动,在企业或者其他营利性组织中兼任职务的;十是有其他违纪违法行为的。

从实践来看,法官所犯常见的罪行以经济类为主,包括贪污受贿罪、巨额财产来源不明罪、滥用职权罪、挪用公款罪等。此外,2018年10月26日,第十三届全国人民代表大会常务委员会第六次会议审议通过的《关于修改〈中华人民共和国刑事诉讼法〉的决定》,规定了人民检察院有权对司法工作人员涉嫌利用职权实施的滥用职权罪、玩忽职守罪、徇私枉法罪、民事行政枉法裁判罪、执行判决裁定失职罪、执行判决裁定滥用职权罪等进行立案侦查。

五、附件讨论与参考文件

(一)上海法官"集体嫖娼"案

1. 案件简介

2013年6月,上海市高级人民法院民事审判第一庭副庭长赵某接受上海建工四建集团有限公司综合管理部副总经理郭某邀请,前往南汇地区的某农家饭店吃晚餐,赵某又邀请上海市高级人民法院民事审判第一庭庭长陈某,上海市高级人民法院纪检监察组副组长、监察室副主任倪某,上海市高级人民法院民事审判第五庭副庭长王某一同前往。晚餐后,以上5人又和3名社会人员一起接受了异性陪侍服务,赵某、陈某、倪某、郭某还参与了嫖娼活动。经群众举报,依照相关法纪规定,上海市纪律检查委员会、上海市高级人民法院党组决定分别给予涉事法官开除党籍、开除公职等处分。

2. 案件分析:有关"业外活动违纪"的认定

关于法官职业伦理在审判过程中的行为、言语、礼仪等,因为有着明显的外在监督而被法官重视且不易出错,但在业外活动中,法官因缺乏自律、心存侥幸,或抵制不住外界的强力诱惑,而易出现有损司法公正与司法形象的重大事件。这类事件发生后,当事法官所承担的法律责任往往以违纪处分为主。《法官行为规范》第八十条至第八十九条对法官从事业外活动所应遵守的规范进行了明确规定,第八十条第三款规定:"约束业外言行,杜绝与法官形象不相称的、可能影响公正履行职责的不良嗜好和行为,自觉维护法官形象。"上海法官"集体嫖娼"案的法官,首先没有约束自己的业外言行,做出了与法官形象不相称的有悖公序良俗的行为。其次,涉事法官违反了"五个严禁"之严禁接受案件当事人及相关人员的请客送礼。《人民法院工作人员处分条例》第五十九条规定:"接受案件当事人、相关中介机构及其委托人的财物、宴请或者其他利益的,给予警告、记过或者记大过处分;情节较重的,给予降级或者撤职处分;情节严重的,给予开除处分。"

(二) 广东某法官沦为"司法掮客"案

1. 案件简介

2017年5月,潮州市中级人民法院审判员陆某因涉嫌严重违纪接受组织审查。2017年7月,潮州市人民检察院决定,依法对潮州市中级人民法院审判员陆某涉嫌受贿罪立案侦查,并采取强制措施。经查,潮州市中级人民法院审判员陆某违反组织纪律,隐瞒不报个人有关事项;违反廉洁纪律,收受礼金;违反国家法律法规规定,参与赌博活动,利用职务及职权形成的便利条件,多次向法院系统内办案人员打招呼,干预和插手司法活动,为他人谋取利益并收受钱款,数额巨大。陆某身为党员领导干部、法官,严重违反了党的纪律,知法犯法,且在党的十八大后仍不收敛不收手,性质恶劣、情节严重,涉嫌犯罪。依据《中国共产党纪律处分条例》等有关规定,给予陆某开除党籍处分,由潮州市中级人民法院依据有关规定给予其开除公职处分,依法撤销其法官职务,对涉案款项依纪依规进行处理。其涉嫌犯罪的问题及线索移送司法机关依法处理。2018年12月,广东省中山市中级人民法院第二审认为,上诉人即原广东省潮州市中级人民法院审判员陆某犯受贿罪、行贿罪,依法应当数罪并罚。原判认定事实清楚,证据确实、充分,定罪准确,审判程序合法,但对上诉人陆某赃款追缴部分的处理欠当,本院予以纠正。终审判处陆某有期徒刑6年,并处罚金人民币60万元;依法追缴犯罪所得共计人民币176万元、美元1万元。

2. 案件分析:有关"刑事责任"的认定

陆某利用其职务之便谋取私利,情节严重。《中华人民共和国刑法》(以下简称《刑法》)第三百八十五条规定"国家工作人员利用职务上的便利,索取他人财物的,或者非法收受他人财物,为他人谋取利益的,是受贿罪"。第三百八十六条规定"对犯受贿罪的,根据受贿所得数额及情节,依照本法第三百八十三条的规定处罚。索贿的从重处罚"。第三百八十八条规定"国家工作人员利用本人职权或者地位形成的便利条件,通过其他国家工作人员职务上的行为,为请托人谋取不正当利益,索取请托人财物或者收受请托人财物的,以受贿论处"。第三百八十九条规定"为谋取不正当利益,给予国家工作人员以财物的,是行贿罪"。在上述案件中,陆某既行贿又受贿,数罪并罚。《刑法》第三百九十条规定:"对犯行贿罪的,处五年以下有期徒刑或者拘役,并处罚金;因行贿谋取不正当利益,情节严重的,或者使国家利益遭受重大损失的,处五年以上十年以下有期徒刑,并处罚金;情节特别严重的,或者使国家利益遭受特别重大损失的,处十年以上有期徒刑或者无期徒刑,并处罚金或者没收财产。"第三百九十九条规定:"司法工作人员徇私枉法、徇情枉法,对明知是无罪的人而使他受追诉、对明知是有罪的人而故意包庇不使他受追诉,或者在刑事审判活动中故意违背事实和法律作枉法裁判的,处五年以下有期徒刑或者拘役;情节严重的,处五年以上十年以下有期徒刑;情节特别严重的,处十年以上有期徒刑。在民事、行政审判活动中故意违背事实和法律作枉法裁判,情节严重的,处五年以下有期徒刑或者拘役;情节特别严重的,处五年以上十年以下有期徒刑。"

(三) 参考文件

1.《中华人民共和国法官法》(2019年修订)

2.《中华人民共和国人民法院组织法》(2018年修订)

3.《最高人民法院关于完善人民法院司法责任制的若干意见》(2015年)

4. 最高人民法院关于印发《中华人民共和国法官宣誓规定(试行)》的通知(2012年)

5.《法官行为规范》(2010年修订)

6. 最高人民法院印发《关于"五个严禁"的规定》和《关于违反"五个严禁"规定的处理办法》的通知(2009年)

7.《人民法院工作人员处分条例》(2009年)

8.《人民法院执行工作纪律处分办法(试行)》(2002年)

9.《中华人民共和国法官职业道德基本准则》(2010年)

10.《最高人民法院关于审判人员严格执行回避制度的若干规定》(2000年)

第六章　检察官职业伦理

本章我们要讨论的问题：
1. 就影片《好人寥寥》，可以从检察官职业伦理的角度提出什么问题？
2. 什么是当代中国检察官在司法实践中的定位？
3. 当代中国检察官职业伦理的分析。
4. 当代中国检察官履职规范及其分析。

一、影片《好人寥寥》的故事梗概及其讨论

（一）影片《好人寥寥》的故事梗概

在美国驻古巴关塔那摩湾的海军基地，两名海军陆战队员道森和多尼被指控杀害了另一名士兵圣地亚哥。海军律师丹尼尔·卡菲和助手山姆被派接手此桩案件，他们调查到圣地亚哥曾希望调离基地，还举报过道森。卡菲本想进行庭外调解，与检察官杰克·罗斯多次磋商，争取两年的刑期，然而两名士兵坚持自己无罪，他们对圣地亚哥实施的行为是执行上级给他们下达的"红色条规"。所谓"红色条规"，就是一种军官默许的由士兵私下进行的训诫条规。卡菲、山姆以及另一名女律师盖洛维组成辩方律师进行调查，而基地指挥官杰塞普上校是本案的关键人物，他拒绝了圣地亚哥的调离申请，对他下达了"红色条规"，事后私自篡改了飞行记录。卡菲虽然知道真相，却苦于证据不足。

（二）对影片中涉及的人物及检察官职业伦理进行的讨论

1. 围绕人物角色的讨论

同学们在课堂上展开了讨论，有四位同学发表了各自不同的观点，请问你支持哪种

观点,并说明理由。

(1) 片中两名士兵以服从命令为抗辩理由,该理由能成立吗?

同学 A:能成立。军纪对军队中的士兵来说是最高的规则,在士兵的心中军队的命令高于一切,"服从命令"这一观点已经烙印进他们的脑海。作为一名军队士兵,他们认为服从命令才是正确的选择。

影片中的"红色条规"指的是军队中约定俗成的私刑条规,下级军官无条件服从上级军官的共识性命令,严明的上下级隶属关系和绝对的服从是军队的标签。军队内部的行政管理体系与作战指挥体系形成了军队管理这一较为独立的管理模式。长此以往,会让人产生"上级的话就是不可抗拒的"这一思维惯性。从两位士兵的角度来说,他们只是按照惯例服从了命令,主观上从未产生主动加害人的念头,因此从犯罪构成角度来说,缺乏主观上的故意,不应当构成犯罪行为。在军队这一特殊环境主体下,上级的命令有着近乎强制性的威严,因此下意识服从长官命令是士兵们的基本准则。

同学 B:不能成立。军纪不是法律,虽然他们是为了服从命令,但也不能抵消他们的行为构成犯罪的事实,触犯了法律就势必要受到法律的惩罚。

法律由国家制定,是国家意志的体现,有着至高无上的权威,亚里士多德指出,法律应该在任何方面受到尊敬而保持至上的权威。法律具有最广阔的普遍性,任何规范都不可凌驾于法律之上,即便是军中人人默认的规则。法律是一种概括、普遍、严谨的行为规范,法律首先是指一种行为规范,所以规范性就是它的首要特性。规范性是指法律为人们的行为提供模式、标准、样式和方向。法律同时还具有概括性,是人们从大量实际、具体的行为中高度抽象出来的一种行为模式,法律的对象是一般的人,是反复适用多次的。法律的普遍性即法律所提供的行为标准是按照法律规定所有公民一概适用的,不允许有法律规定之外的特殊,即要求法律面前人人平等,一旦触犯法律,便会受到相应的惩罚。即便士兵处在军队中,背负着军令如山的信念,亦不能将其置于法律之上。

同学 C:能成立。在电影剧情中不难看出,如果两名士兵不服从命令,那么在军队中受到惩罚和排挤的就会是他们。

从人的本性上来讲,人人都有趋利避害的本能。在特定的环境下,人人都知道不遵守既定规则的后果,那么其肯定会做出对自己有利,至少是无害的选择。两名士兵将自己置于可能被侵害的受害者位置,为了保全自己,不惜伤害他人,此种行为虽不可取亦是无奈之举。

同学 D：不能成立。可以理解他们作为军队的一员必须服从上级的命令，但他们的行为伤害了另一个人的生命，在道德上是无法理解和接受的。

法律与道德都是约束行为的社会规范，通过调整和规范人们的行为为社会秩序提供保障，服务于一定的政治制度和经济制度。法律虽然不约束人的思想，是最低的行为规范，但应当有价值指引的作用，要符合一定的社会道德标准，才能有发生效力的依据，其通常包括公序良俗、诚实信用、权利不得滥用等原则。没有这种道德根基，法律很难顺利地运作，正如自然法学派所倡导的恶法非法。

（2）为什么片中的检察官和律师可以就认罪讨价还价？

同学 A：因为美国的法律制度中允许辩诉交易，在刑事案件中，检察官和律师可以就认罪以及刑期问题进行商讨。

辩诉交易是美国的一项司法制度，是指在法官开庭审理之前，作为控诉方的检察官和代表被告人的辩护律师进行协商，以检察官撤销指控、降格指控或者要求法官从轻判处刑罚为条件，来换取被告人的有罪答辩，进而双方达成均可接受的协议。通俗地说，辩诉交易就是在检察官与被告人之间进行的一种"认罪讨价还价"行为。通过这样的制度安排，检察官、法官可以用最少的司法资源来处理更多的刑事案件，提高办案效率，同时罪犯也得到了较之原罪行减轻了一定程度的刑事制裁，从而对双方都有利，形成一种双赢的局面。电影中，辩护律师卡菲与检察官罗斯多次进行了辩诉交易，为实现顺利辩护、提高效率奠定了基础。

同学 B：本起案件涉及杀人罪，属于重罪。在进行刑罚判定的时候需要审慎，所以应当允许有庭前的协商程序。

以"预防为主，惩罚为辅"的刑罚理念已经成为当今立法、司法、执法的主流，刑罚的报应主义与单纯的惩罚主义已经成为历史，慎刑应该作为刑罚价值取向的主要内容和潮流，其影响主要表现在刑事政策、刑罚种类和刑罚意识的转变。应当制定宽严相济的刑事政策，根据不同的罪犯情节，依据法律的规定适用合适的刑罚。在当今的中国，刑罚的慎刑思想在司法实践中得到了很好的应用。

慎刑从字面上来讲就是慎重地适用刑罚，慎刑是相对于重刑主义而言的，从定义上可以看出，慎刑是一种观念、一种刑罚的价值取向，在运用刑罚来惩罚犯罪的同时，要谨慎地适用刑罚，要根据罪犯的社会危害程度、犯罪性质、悔罪表现进行区别对待，做到重罪重判、轻罪轻判，避免重刑主义思想对裁判者的束缚和影响，更好地运用法律维护社会秩序和合法正当的利益。本案涉及杀人罪名，判决结果将影响两个被指控士兵的一生,因此审慎判罚显得尤为重要。

同学C：检察官希望尽早结案,而律师希望尽可能地减轻被告人的刑罚,两人为了各自的想法能够实现而进行讨价还价。

刑事审判应然地具有解决纠纷和裁判功能,但同时也有效率要求。由于庭审程序的烦琐性,过多的程序性纠纷会碎片化法官对实体性问题的心证。因此,最大化庭审的纠纷解决功能并不是将纠纷全部放在庭审中解决,而是要在庭审中实质化地解决案件的主要问题,即集中审理被告人是否存在被指控的犯罪,以及应当适用何种刑罚的争议并依法裁判。集中高效的庭审目标对庭前准备程序提出了要求。在实体方面,为使庭审议题明确、辩论有序,庭前会议应当尽量明确庭审中实体问题的重点及争论点。在程序方面,为避免繁复的程序性纠纷频繁打断庭审程序,庭前准备应当发挥其过滤作用,尽量先行解决此类问题,使庭审能够集中审理案件的实质问题,避免庭审陷入茫无头绪、杂乱无章的状态。从程序工具主义的视角来看,庭前磋商是庭审程序实质化的重要路径,也是实质化解决纠纷的必要准备。

(3) 为什么片中的检察官希望尽快结案？

同学A：因为检察官害怕开庭后,质询证人会导致案件情况发生反转。

证据是指依照诉讼规则认定案件事实的依据。证据对于当事人进行诉讼活动、维护自己的合法权益,以及对法院查明案件事实、依法正确裁判都具有十分重要的意义。证据是审判的核心,一切审判都以事实为根据,以法律为准绳,因此,在明知证据是伪造的情况下,检察官希望草草结案以维护上司颜面。

证据问题是诉讼的核心问题,在任何一起案件的审判过程中,都需要通过证据和证据形成的证据链再现还原事件的本来面目,依据充足的证据而作出的判决才有可能是公正的。法律和证据是法官判案的两把尺子。在诉讼中,鉴于法律的严谨和权威性,当事人在法律上很难发挥其主观能动性的作用,所以只能在证据上下功夫。由于证据是在事实发生过程中形成的,谁在事实发生过程中保有充分的证据,能够再现事实,谁就掌握了胜诉的主动权。

从这个意义上讲,诉讼的胜败,虽然有一定的诉讼技巧成分在里面,但主要还是在诉讼前的证据收集上,而不是在法庭辩论上。检察官心中自知证据不足,仅仅想靠职权草草结案,舍本逐末,自然无法取得庭审的胜利。

同学B：因为检察官想掌握先机和主动权。

要想掌握案件的主动权,掌控开局是至关重要的。良好的开局能带来主动优势,反之,开局不利很容易陷入对方的陷阱之中,并给对方可乘之机。因此,检察官想利用辩护人一开始对事件的证据和事实尚未掌握和了解的情况下,尽快占有优势,避免未来可能发生的曲折和阻碍,从而占据主动,给对方带来压力,在气势上压倒对方。

同学 C:因为检察官本身就在军队工作,上校是他的上司。他不希望他的上司作为证人出庭,担心会有被定罪的风险。

片中的检察官为维护自己上司和军队的颜面,违背检察官义务,违背法律人的基本准则,企图通过迅速结案以掩盖真相,没能履行检察官相应的义务,为权势所屈服。并且,检察官已经知道了案件的真相,试图隐匿证据,这与检察官的职业道德是相违背的,作为法律工作者应该忠于事实与法律,查明真相,并准确地理解和执行法律,保障司法公正。

同学 D:因为检察官在军队中任职,他知道"红色条规"的相关问题,担心被辩方查清并利用。

在进行法律谈判之前,首先要做的就是了解具体案情和当事人需要达到的目的,明确己方的底线,然后对案情进行具体分析,找出双方的优势与劣势,这样才能更好地制定谈判方案。不仅如此,进行谈判前还应该充分了解谈判对手的个性特质和谈判方式,才能采取相应的策略。

片中的检察官和辩护人是好朋友,他清楚地知道对方的性格特征和能力,担心如果一直调查和追查下去,一定会被辩护人发现破绽,由此牵连出"红色条规"和背后的内幕,因此希望尽早结案。

小结:片中检察官最终指控的罪名被推翻,检察官希望隐瞒事实真相、尽早结案的想法也没有实现,由此引申出对检察官职业伦理的思考。其所作所为是否尽到了检察官相应的职责,是否符合人们心目中的检察官形象,是需要接下来继续探讨的问题。

2. 就检察官职业伦理进行的讨论

(1) 何为正义,正义可以被讨价还价吗?

同学 A:正义不可以被讨价还价。正义存在的本身就蕴含着一定的标准,如果可以被讨价还价,那么正义作为一种公众普遍追求的社会价值就没有存在的意义了。正义是人类追求的共同理想,是法律的核心价值。对于正义的理解,古今中外从未有过统一的认识。按照不同的标准,正义可以分为实质正义与形式正义、实体正义与程序正义、抽象正义与具体正义等。但从正义观念和正义制度安排的历史发展来看,正义所反映的是人类文明的基本共识与人类生活的根本理想,这种共识和理想存在于整个人类社会之中,始终伴随着人的存在和发展,也反映了共同的情感、理想和需求。古希腊人即将正义视为一种美德,因此正义具有权威性,不可以用来讨价还价。

同学B:正义可以被讨价还价。正义既是客观的也是主观的,没有具体规定的标准,每个人心中对正义的定义都是不同的。既然各人有各人的观点,那么不同的观点之间势必是可以进行交流沟通的。讨价还价就是交流沟通的一种体现形式,而美国辩诉交易程序尤能体现,通俗地说,辩诉交易就是在检察官与被告人之间进行的一种"认罪讨价还价"行为。

(2)检察官是正义的代言人吗?

同学A:检察官是正义的代言人,检察官只有树立"公正司法"的理念,忠于职守、秉公办案、惩恶扬善、伸张正义,才能依法履行检察职责,不受诱惑,不为人情所动,不为权势所屈服。

坚持公正司法、秉公执法,不仅是检察官履行职责时的法定义务,而且也是对检察官在执法中地位的要求。检察官的主要职责是代表国家追诉违法犯罪行为,尽力收集证据证明被告人的犯罪事实,提出追诉的主张。1990年第八届联合国预防犯罪和罪犯待遇大会通过的《关于检察官作用的准则》中明文规定,检察官应始终一贯迅速而公平地依法行事,尊重和保护人的尊严,维护人权;不偏不倚地保护公众利益,按照客观标准行事,适当考虑到犯罪嫌疑人和受害者的立场,并注意到一切有关的情况,无论是否对犯罪嫌疑人有利或不利;在受害者的个人利益受到影响时应考虑到其观点和所关心的问题,并确保按照《为罪行和滥用权力行为受害者取得公理的基本原则宣言》,使受害者知悉其权利;如若一项不偏不倚的调查表明起诉缺乏根据,检察官不应提出或继续检控,而应竭力阻止诉讼程序。因此,检察官应把维护公众利益作为自己的首要职责,在被害人和被告人之间保持秉公执法的地位。

坚持公正司法,应既维护国家利益和公共利益,又保护公民,包括被害人的合法权益。检察官在对待被害人与被告人的关系上,既要保护被害人的合法权益,也应依法保护被告人的合法权利,防止只顾一头而不顾其他的片面倾向和偏私现象的发生。

同学B:检察机关是国家司法机关,也是监督机关,必须坚守公平正义。检察官在法庭上就是要一身正气,坚决打击违法犯罪行为。

法庭上,检察官既要按诉讼程序要求完成公诉人承担的检控犯罪的任务,还要关注审判活动的进行。发现审判违法,损害被害人或被告人的合法权利,有可能影响公正审判的行为,检察官应依法实行监督。

检察机关的法律监督职能分为广义说和狭义说。广义说认为，检察机关是国家的法律监督机关，它依法行使法定的职权，无论是行使公诉职权，还是对审判活动实行监督，都具有法律监督的性质。狭义说认为，检察机关的监督对象是有关司法机关和司法人员，监督内容包括立案监督、侦查监督、审判监督和判决执行监督等，不把对刑事被告人提起公诉列为法律监督的内容和范围。检察官依法履行法律监督职能，防止和纠正审判活动中可能发生的违法情况，维护当事人的合法权利，有利于诉讼活动的合法进行。检察官承担法律监督职责，这要求检察官从维护正义的角度出发，参与诉讼活动。

同学C：虽然检察机关是国家司法机关，但其只履行侦察、批准逮捕和提起公诉的职责，真正作出判决，决定犯罪嫌疑人有罪无罪的是法院，因此法院才是正义的代言人。

在控辩审三方的组合中，法官处于中立的、消极的审判者地位，这是实体性的法治化要求，其实现需要一种程序来加以保障，而控辩平等就能有效地发挥这种作用，赋予控辩双方平等的诉讼地位和诉讼权利，能在法庭诉讼中形成一种因均衡而公正的结构。《中华人民共和国刑事诉讼法》（以下简称《刑事诉讼法》）第三条规定："对刑事案件的侦查、拘留、执行逮捕、预审，由公安机关负责。检察、批准逮捕、检察机关直接受理的案件的侦查、提起公诉，由人民检察院负责。审判由人民法院负责。"人民法院是国家唯一的审判机关。它的职责就是通过审判刑事案件、经济案件和知识产权案件、行政诉讼案件，实现自己的任务。人民法院在刑事诉讼中，执行着审判职能，审判职能是最基本的诉讼职能，审判阶段是刑事诉讼各个阶段中的关键阶段。在审判程序中，人民法院处于主导地位。

根据刑事诉讼"不告不理"原则，完整意义上的审判通常包括公诉、第一审、第二审、再审几个阶段，检察机关的作用主要表现为提起公诉，对庭审活动的监督，对第一审判决的抗诉以及对生效判决的抗诉。实际上，从我国检察机关法律监督的宪法定位和刑事诉讼法的制度设计来看，检察官在整个刑事诉讼中也承担着一定主导责任。这种主导责任不仅体现在庭前，而且体现在审判期间，包括审判后检察官认为判决不当的还要抗诉。执行阶段也是这样，刑事执行检察监督是一个特殊的制度模式，必须积极主动去发现执行环节的违法行为。

（3）你心目中的检察官是什么样的？应该具有怎样的品质？

同学A：我心中优秀的检察官，必须忠诚，从内心深处坚定理想信念，对党、国家和社会主义事业忠诚。

检察官必须要有忠诚的信念。将忠诚置于检察官职业伦理之首，充分显示了忠诚对于检察官职业伦理的重要性。忠诚是公正、清廉、文明的保证。

① 忠于党、忠于国家、忠于人民。《中华人民共和国检察官职业道德基本准则》中规定,坚持忠诚品格,永葆政治本色;坚持为民宗旨,保障人民权益。因此,检察官应忠于党、忠于国家、忠于人民、忠于宪法和法律,牢固树立依法治国、执法为民、公平正义、服务大局、党的领导的社会主义法治理念,做中国特色社会主义的建设者、捍卫者和社会公平正义的守护者。人民的利益是国家公务人员一切利益的根本出发点。判断一个检察官是否合格的标准在于其能否真正地维护好人民的权利,保护好人民的生命、健康和财产安全。检察官应坚持立检为公、执法为民的宗旨,维护最广大人民的根本利益。

② 忠于事实和法律。案件的基本构成要素便是事实构成与法律规范,这两者也是审理案件的最基本的要素。忠于事实是忠于法律的前提,错误的事实是不可能经由法律推理得出正确结论的。忠于事实的同时也必须忠于法律,即要求检察官遵守程序的相关规定,积极查明真相,准确地理解和执行法律,保障司法公正。

③ 忠于检察事业。检察官应热爱人民检察事业,珍惜检察官荣誉,忠实履行法律监督职责,自觉接受监督制约,维护检察机关的形象和检察权的公信力。作为一种特殊的法律职业,检察事业要求检察官对自己的职业更加投入,更有使命感。检察官应该珍惜自己的职业荣誉感,切实在强化检察义务和遵守职业伦理方面提升自己的职业能力和道德水平。

同学 B:我心中优秀的检察官必须具备公正的信念。俗话说,"身有正气,不言自威"。检察官是社会和谐稳定的守护人,只有心存正义才能用法律来捍卫人民的尊严,维护社会稳定。

对于检察官而言,公正无私是其职业最显著的特点,也是检察官职业伦理的核心内容,这是由检察工作的性质、主题所决定的。公正是检察官履职的最基本要求,是检察官的法律义务。检察官只有坚持树立公正司法的理念,依法公正执法,才能实现打击罪犯、保护人民的目的。因此,公正的职业伦理包含着两个方面的内容。

① 树立公正司法的理念。检察官应牢牢树立公正司法的理念,将法治理想、目标和要求内化为自己的信念,形成强烈的法律意识和正义感,自觉地尊重和维护法律的尊严。检察官应树立忠于职守、秉公办案的观念,坚守惩恶扬善、伸张正义的良知,保持客观公正、维护人权的立场,养成正直善良、谦抑平和的品格,培育刚正不阿、严谨细致的作风。检察官还应严格执行检察人员执法过错责任追究制度,对于执法过错行为,要实事求是,敢于及时纠正,勇于承担责任。

② 坚持公正执法的行为。检察官不仅要树立公正司法的理念，还应在实际工作中身体力行，严格执法。检察官应自觉遵守法定回避制度，对法定回避事由以外可能引起公众对办案公正产生合理怀疑的，应当主动要求回避；尊重律师的职业尊严，支持律师履行法定职责，依法保障和维护律师参与诉讼活动的权利；出席法庭审理活动，应当尊重庭审法官，遵守法庭规则，维护法庭审判的严肃性和权威性。检察官还应努力提高案件质量和办案水平，严守法定办案时限，提高办案效率，节约司法资源。

同学 C：我心中优秀的检察官应当具备清廉的操守。正所谓"以铜为镜，可以正衣冠；以史为镜，可以知兴替；以人为镜，可以明得失"。作为检察官，奉守"清廉"二字，不仅是职业的要求、岗位的需求，更是对人民的负责、对国家的担当。

清廉是检察官作为公务人员最起码的职业伦理底线。检察官职业伦理中的"清廉"指的是品行正派、清正廉洁、克己奉公，杜绝贪污腐化、奢侈浪费、好逸恶劳的生活习惯和以权谋私、贪赃枉法的丑恶行为。随着中国改革开放进程的深化，人民的生活条件普遍改善，检察官队伍也面临着种种诱惑，有着腐化和堕落的危险。加强检察官的廉政建设是十分必要的。检察官应以社会主义核心价值观为根本的职业价值取向，遵纪守法，严格自律，并教育近亲属或者其他关系密切的人员模范地执行有关廉政规定，秉持清正廉洁的情操。

检察官不得以权谋私、以案谋利，借办案插手纠纷。检察官不得利用职务便利或者检察官的身份、声誉及影响，为自己、家人或者他人谋取不正当利益；不得从事、参与经商办企业、违法违规营利活动，以及其他可能有损检察官廉洁形象的商业、经营活动；不得参加营利性或者可能借检察官影响力营利的社团组织。检察官不得收受案件当事人及其亲友、案件利害关系人或者单位及其所委托的人以任何名义馈赠的礼品礼金、有价证券、购物凭证以及干股等；不得参加其安排的宴请、娱乐休闲、旅游度假等可能影响公正办案的活动；不得接受其提供的各种费用报销，出借的钱款、交通通信工具、贵重物品及其他利益。

同学 D：我心中优秀的检察官应当具备文明的素质，人性化办案、规范化执法，有爱心，帮扶弱势，执法为民，从而满足人民群众对司法的要求。

一个合格的检察官不仅要业务素质过硬，在执法方式和工作态度上也应该成为社会文明的表率。每一名检察官都应当具有严肃认真的工作态度，遵循严格规范的工作程序，秉持严谨细致的工作作风，进行严密周全的系统思考，展现严正凛然的执法精神；在具体的执法活动中保持文明热情的工作态度，使用文明规范的工作语言，坚持文明规范的工作方式,维护文明严肃的职业形象。具体而言,"文明"作为检察官职业伦理的标准体现在以下两个方面。

① 文明礼仪。检察官应注重学习,精研法律,精通检察业务,培养良好的政治素质、业务素质和文化素质,增强法律监督能力和做群众工作的本领;同时做到执法理念文明、执法行为文明、执法作风文明、执法语言文明。在具体的礼仪方面,检察官应遵守各项检察礼仪规范,注重职业礼仪约束,仪表庄重、举止大方、态度公允、用语文明,保持良好的职业操守和风范,维护检察官的良好形象。

② 文明行为。在公共场合及新闻媒体上,不发表有损法律严肃性、权威性,有损检察机关形象的言论;未经批准,不对正在办理的案件发表个人意见或者进行评论;检察官应热爱集体、团结协作,相互支持、相互配合、相互监管,共同营造健康、有序、和谐的工作环境;检察官应明礼诚信,在社会交往中尊重、理解、关心他人,讲诚实、守信用、践承诺,树立良好社会形象;在职务外活动中应当约束言行,避免公众对检察官公正执法和清正廉洁产生合理怀疑,避免对履行职责产生负面作用,避免对检察机关的公信力产生不良影响。

小结:对于何为优秀的检察官,可以说是仁者见仁、智者见智,但其应当具备基本的职业道德和职业操守,下文中即探讨检察官的职业伦理和职业规范。

二、检察机关的职责安排及检察官职业伦理

(一) 检察机关的职责安排

1. 国外对检察机关的职责安排

(1) 法国。法国是现代检察制度的起源地。法国的司法机关包括法院和检察机关,司法官包括法官和检察官。法国实行司法团体一体化原则,检察官和法官的司法官地位由统一的法令予以规定,由统一的最高司法委员会进行管理。法国宪法规定了检察机关的独立性,其中第 65 条规定,最高司法委员会由管辖法官和管辖检察官的两个会议组成,协助总统来保证司法机关的独立性。检察机关享有明确的、不容置疑的宪法地位。

(2) 美国。美国没有建立统一的检察系统,而是在各级法院里设置了检察官办公室,作为行使检察权的检察官的办事场所,各州检察系统名称不一,机关设置的方式也

不统一。其检察制度以公诉权为主体内容和基本职能,检察权是作为行政权的派生权力。美国联邦总检察长是联邦司法部部长,联邦副总检察长就是司法部副部长。独立检察官制度是美国检察机关的特色,即检察官在行使检察权时是独立的,不受其他检察官的指挥或检察机关的制约,他们均独立地以公益代表人的身份提起对犯罪的指控。这一制度赋予独立检察官对联邦高级官员的指控行使最广泛的调查权,并据此向国会提出是否需要弹劾相关人员的建议。

(3)俄罗斯。《俄罗斯联邦检察机关法》对俄罗斯联邦检察机关的体系和组织、检察监督、检察长参与法院审理案件、检察机关的干部和机构、军事检察机关各级机关组织和活动保障的特点、检察机关组织和活动进行了系统规定。该法颁布至今已经历了30多次的修改、补充和完善。按照俄罗斯的现行法律规定,俄罗斯联邦检察机关既不是司法机关,也不是行政机关,而是被定性为护法机关的特殊国家机关。通过宪法修改,俄罗斯联邦更加突出和强化俄罗斯联邦检察机关的独立性,通过赋予俄罗斯联邦总检察长宪法地位来提升检察机关在整个国家宪法制度当中的地位,以充分发挥俄罗斯联邦检察机关检察监督的作用。

2. 我国对检察机关的职责安排

我国《宪法》第一百三十四条对我国检察机关的性质做了明确规定,即中华人民共和国人民检察院是国家的法律监督机关。《中华人民共和国人民检察院组织法》第一条也进行了类似规定。

我国检察机关的设置模式和法律地位是由我国国情决定的,也是由我国的国体和政治制度所决定的。作为国家的法律监督机关,人民检察院通过履行法律监督职责,保障、维护国家法律统一正确的实施,保障权力在法律的规制内运行。《宪法》规定,各级人民检察院由同级的国家权力机关产生,并对其负责,受其监督。同时,最高人民检察院领导地方人民检察院和专门人民检察院的工作,上级人民检察院领导下级人民检察院的工作。

我国《检察官法》第二条规定,检察官是依法行使国家检察权的检察人员,包括最高人民检察院、地方各级人民检察院和军事检察院等专门人民检察院的检察长、副检察长、检察委员会委员和检察员。

由此,作为代表国家行使国家权力的检察官,其职责主要是依法进行法律监督工作、进行公诉、对法律规定由人民检察院直接受理的犯罪案件进行侦查等。检察长、副检察长、检察委员会委员除履行检察职责之外,还应当履行与其职务相适应的职责。同时,检察官还承担法律规定的其他职责,如提起公益诉讼、向有关单位提出检察建议等。

2004年11月,中共中央组织部、最高人民法院、最高人民检察院联合下发了《关于进一步加强地方各级人民法院、人民检察院考试录用工作的通知》,规定实行统一招考制度,切实严把进人关,地方各级人民法院、人民检察院补充工作人员,一律实行省级统一招考制度,除省级考试录用主管机关外,其他机关及人民法院、人民检察院不得自行组织招考。《检察官法》第十四条规定,初任检察官采用考试、考核的办法,按照德才兼备的标准,从具备检察官条件的人员中择优提出人选。

《检察官法》第十一条规定,检察官享有下列权利:履行检察官职责应当具有的职权和工作条件;非因法定事由、非经法定程序,不被调离、免职、降职、辞退或者处分;履行检察官职责应当享有的职业保障和福利待遇;人身、财产和住所安全受法律保护;提出申诉或者控告;法律规定的其他权利。

《检察官法》第十条规定,检察官应当履行下列义务:严格遵守宪法和法律;秉公办案,不得徇私枉法;依法保障当事人和其他诉讼参与人的诉讼权利;维护国家利益、社会公共利益,维护个人和组织的合法权益;保守国家秘密和检察工作秘密,对履行职责中知悉的商业秘密和个人隐私予以保密;依法接受法律监督和人民群众监督;通过依法办理案件以案释法,增强全民法治观念,推进法治社会建设;法律规定的其他义务。

(二)我国检察官在司法实践中的定位

1. 国家追诉的执行者

现代法治国家对犯罪的追究,是通过检察官代表国家将犯罪人告诉交到法院审判而实现的,我国亦是如此。作为一项重要的诉讼职能,检察机关负责对涉嫌犯罪的被追诉人提起公诉,要求法院审判,以实现国家刑罚权。因此,审判需以起诉为前提,并受起诉范围的限制。特别是认罪认罚从宽制度推行以来,被追诉人会更早地感知到国家的司法惩戒态度,检察官的追诉内容也以具结书的形式予以提前展示。同时,秉持客观公正立场的检察官具有的双重身份将会更为充分地呈现出来:一方面,通过引导侦查、指控、证明、辩论等履职方式追诉犯罪;另一方面,检察官还有保护无辜者的法定职责,在证据收集方面不仅要收集有罪、罪重的证据,也要注重无罪、罪轻证据的收集。

2. 案件流转的过滤者

一直以来,关于刑事诉讼中"公检法"三家的职能有一种流水线作业式的比喻,即公安机关"做饭"、检察机关"端饭"、人民法院"吃饭"。这其实是对我国刑事诉讼的制度设计、检察机关的法律监督职能等的误解。在此比喻中,刑事检察工作不仅包括"端饭",还要引导公安机关"选菜""放佐料",并能自行"寻菜""翻炒",甚至将质量不合格的"菜品"扣留,自行消化或要求公安机关拿回。因此,检察机关不是案件的"搬运工",而是案件的"质检员",具有案件过滤的功能。检察官通过对提请批捕、移送审查起诉案件的审查,将未达批捕、起诉标准的案件筛选出来,仅对"犯罪事实清楚,证据确实、充分"的案件提起公诉,从而确保案件质量。在认罪认罚从宽制度中还规定了例外情形。《刑事诉讼法》规定,被追诉人自愿如实供述涉嫌犯罪的事实,有重大立功或者案件涉及国家重大利益的,经最高人民检察院核准,检察机关可以作出不起诉决定或者部分不起诉,公安机关可以撤销案件。这表明法律赋予了检察机关对极少数特殊有罪案件在实体上超常规的出罪权。

3. 诉讼程序的分流者

检察机关除依法充分运用不起诉职权对案件"限流"外,主要还实现了对案件"导流",即以"认罪"为分叉点,"不认罪"的案件自然适用普通程序,"认罪"的案件则根据案件具体情况再决定适用速裁程序、简易程序或普通程序。这里需要注意的有以下三点。一是程序的适用标准。"繁简"的判断标准并不完全取决于案件的罪名、人数、危害程度等因素,而主要取决于案情的本身。二是程序的影响阶段。从传统意义上讲,三种类型的诉讼程序仅适用于审判阶段,直接体现在庭审之中。实际上,随着认罪认罚从宽制度的推行,审判阶段的区别化处理已经渗透到审前阶段。这种渗透,虽然仅表现为办理期限缩短等程序性变化,不会对定罪量刑产生影响,但减轻因等待司法制裁的煎熬,对于被追诉人来说,也是极具吸引力的。三是程序的启动主体。虽然《刑事诉讼法》明确规定,适用速裁程序、简易程序要征得被追诉人的同意,但并不意味着被追诉人有程序的决定权。实践中,在审查起诉阶段,侦查机关和被追诉人及其辩护人均有权向检察机关提出适用何种程序的建议,但最终向被追诉人列出程序"可选菜单"的是检察机关。换言之,检察机关负责画出程序最简"红线"后,再由被追诉人根据其意愿进行选择。

4. 合法权益的保障者

检察官应通过审查逮捕、审查起诉,确保无罪的人不受刑事追究;通过受理控告申诉,进行司法救济,保障诉讼参与人特别是犯罪嫌疑人及其律师的合法权益。在认罪认罚从宽制度中,检察机关对被追诉人和被害人的合法权益保护尤为关注,法律上也对此做了特殊的制度安排。

对于被追诉人,为促使其对认罪认罚的性质和法律后果有全面、充分的认知,检察机关在受理案件时应当及时全面地告知其可免费获得值班律师的法律帮助、自愿认罪一般获得从宽处罚等诉讼权利内容,尤其是要详细而又具体地告知认罪认罚从宽制度的相关法律规定。保障被追诉人的合法权益,确保其在自愿的前提下认罪认罚,是认罪认罚从宽制度能否取得实效的关键。《人民检察院刑事诉讼规则》第二百六十七条和第二百六十八条对犯罪嫌疑人获得法律帮助的权利做出规定。除此之外,还从权利告知、听取意见等方面对检察机关的责任做出了细化规定。

对于被害人,《刑事诉讼法》规定,适用认罪认罚从宽制度应当听取被害人意见。《刑事诉讼法》第一百七十三条对听取被害人及其诉讼代理人意见做出了规定。《人民检察院刑事诉讼规则》遵循刑事诉讼法的精神,专门对保障被害人的权益予以规定。

5. 诉讼活动的监督者

强化对认罪认罚案件多维度的法律监督制约,确保制度准确适用,是检察机关法律监督这一宪法定位的必然要求。认罪认罚案件中,检察机关的监督制约作用有以下两个侧重点。一是对侦查活动的监督。检察机关通过提前介入侦查引导取证、自行补充侦查、建立案件质量评析和证据标准指引机制、检察建议等,加强对侦查阶段认罪认罚自愿性和取证合法性的审查工作,对非法证据坚决予以排除,避免因犯罪嫌疑人认罪认罚而降低证明标准,确保准确适用法律,防止无罪案件发生。例如,浙江省某基层人民检察院办理的一起案件中,侦查机关认定犯罪嫌疑人严某入户盗窃金额近1 200元,尚未达到数额较大标准(3 000元),但因构成入户盗窃,遂以盗窃罪移送审查起诉。严某到案后也表示认罪认罚。按照惯常处理,这类案件可以适用速裁程序,一般在十日之内即可提起公诉,但检察官经审查发现,严某进入盗窃的平房处于一片苗木地的中心,建造的最初目的是摆放生产工具、农忙时做饭及避雨,不是用于"家庭生活"。经补充证据和分析论证,检察官认为该案不具备"入户"情节。据此,检察机关认定严某虽有盗窃的行为,但不构成犯罪,对其作不起诉处理,并建议侦查机关对其行政处罚。二是对审判活动的监督。认罪认罚案件的审理容易出现两个极端:一种是庭审形式化,另一种是过于强调审判权,对检察机关的量刑建议无故不予采纳。检察机关要着重审查人民法院适用法律是否正确,诉讼程序是否合法,并加强对诉判不一案件的审判监督。例如,浙江某检察机关办理的一起危险驾驶认罪认罚案件,控辩双方已经认罪认罚具结,检察机关依法提出拘役两个月十五日的量刑建议,但第一审人民法院在没有充分理由的前提下,未采纳检察机关量刑建议,判了拘役三个月十日。检察机关认为第一审法院违反

《刑事诉讼法》中关于量刑建议"一般应当采纳"的规定,适用法律不当,遂提出抗诉。第二审人民法院采纳了抗诉意见,撤销原判,改判被告人拘役两个月十五日。

(三) 检察官的职业伦理

为了规范检察官职业行为,保障和促进检察官严格、公正、文明、廉洁执法,2010年出台的《检察官职业行为基本规范(试行)》中对检察官的职业伦理进行了明确规定,主要包括以下八个方面。

(1) 坚定政治信念,坚持以马克思列宁主义、毛泽东思想、邓小平理论和"三个代表"重要思想为指导,认真学习中国特色社会主义理论体系,深入贯彻落实科学发展观,建设和捍卫中国特色社会主义事业。新时代的人民检察官还应当深入学习贯彻习近平新时代中国特色社会主义思想,带头学习理论、增强政治信念,筑牢信仰之基、补足精神之钙、把稳思想之舵。

(2) 热爱祖国,维护国家安全、荣誉和利益,维护国家统一和民族团结,同一切危害国家的言行作斗争。因此,人民检察官应捍卫国家主权,与一切危害国家主权的行为作坚决的斗争;捍卫国家领土完整,坚决反对一切侵略、占领国家领土和割让、出卖国家领土的行为;捍卫国家政权,与颠覆国家政权和分裂国家政权的行为作坚决斗争;坚持民族平等,维护民族团结,坚决反对一切民族歧视、民族分裂行为;反对任何企图西化、分化我国的行径;严守国家秘密;配合国家安全机关工作,为国家安全机关执行工作任务提供协助和便利条件;努力维护国家安定、社会稳定的政治局面;同一切损害国家利益的现象进行斗争;增强民族自豪感、民族自尊心和民族自信心。爱国主义精神是推动中华民族伟大复兴的强大动力,也必然激励着一代又一代的检察官以饱满的热情投入国家的检察事业中去。

(3) 坚持中国共产党领导,坚持党的事业至上,始终与党中央保持高度一致,自觉维护党中央权威。优秀的人民检察官,首先是要对党忠诚,只有从内心深处坚定共产主义信仰,才能确保各项行为不偏离方向。牢固树立"四个意识",坚定"四个自信",坚决维护习近平总书记核心地位,坚决维护党中央权威和集中统一领导,在政治立场、政治方向、政治原则、政治道路上与以习近平同志为核心的党中央保持高度一致。

(4) 坚持执法为民,坚持人民利益至上,密切联系群众,倾听群众呼声,妥善处理群众诉求,维护群众合法权益,全心全意为人民服务。因此,检察官要做到真正意义上的执法为民,就应当时刻心系群众,事事以民为本。为群众服务一两次并不难,难的是时时刻刻心里都装着群众,任何时候都把群众的利益放在第一位,这才是真正的"执法为民"。

(5)坚持依法治国基本方略,坚持宪法法律至上,维护宪法和法律的统一、尊严和权威,致力于社会主义法治事业的发展进步。习近平总书记多次强调维护宪法法律权威,保证宪法法律的全面有效实施。"宪法的生命在于实施,宪法的权威也在于实施。我们要坚持不懈抓好宪法实施工作,把全面贯彻实施宪法提高到一个新水平。"检察官作为国家司法工作中不可缺少的关键性一环,势必要做到维护宪法的权威。维护宪法权威就是维护党和人民共同意志的权威,捍卫宪法尊严就是捍卫党和人民共同意志的尊严。

(6)维护公平正义,忠实履行检察官职责,促进司法公正,提高检察机关执法公信力。一个国家没有正气,就可能亡国;一个民族没有正气,就可能灭族。如果说社会是一棵参天大树,那么,检察官就是专食蛀虫的"啄木鸟";如果说法律是一台促进社会和谐稳定的调节器,那么,检察官就是这台调节器上的"守护人"。每个检察人员都应该在心中播上一粒正义的种子,插上一面正义的旗帜,用法律来捍卫人民的尊严。

(7)坚持服务大局,围绕党和国家中心工作履行法律监督职责,为改革开放和经济社会科学发展营造良好的法治环境。各级检察人员应当深刻认识到,坚持党中央集中统一领导是做好经济工作乃至一切工作的根本保证,强化职责职能,突出政治监督,严格日常监督,把检查党的路线方针政策和党中央重大决策部署落实情况作为重中之重,紧紧围绕贯彻新发展理念、实现高质量发展、打好三大攻坚战等工作加强监督检查,大力整治在服务经济社会发展方面不担当、不作为、乱作为、假作为等突出问题。

(8)恪守职业道德,铸造忠诚品格,强化公正理念,树立清廉意识,提升文明素质。检察人员应该始终树立理性、平和、文明、规范的执法理念,用实际行动回应人民群众的期盼,满足人民群众的要求,铸就检察事业的新辉煌;忠实履行法律监督职责,自觉接受监督制约,维护检察机关的形象和检察权的公信力,以实际行动夯实"忠诚"这个道德品格;加强检察职业道德建设,应把检察职业道德建设与司法规范化建设紧密结合起来,真正使检察人员成为公正廉洁司法的先行者,成为社会公平正义的守护者;坚持从点滴做起,从细节做起,着力解决司法不公、不廉等影响检察机关司法公信力的突出问题,为检察事业的健康科学和可持续发展打下更为坚实的基础。

三、检察官的履职规范

(一) 以《检察官职业行为基本规范(试行)》为基础

《检察官职业行为基本规范(试行)》中第二部分规定了检察官的履职行为,坚持依法履行职责,严格按照法定职责权限、标准和程序执法办案,不受行政机关、社会团体和个人干涉,自觉抵制权势、金钱、人情、关系等因素干扰。检察官依法履行检察职责,敢于监督、善于监督,不为金钱所诱惑,不为人情所动摇,不为权势所屈服。

(1) 坚持客观公正,忠于事实真相,严格执法,秉公办案,不偏不倚,不枉不纵,使所办案件经得起法律和历史检验。检察官要以事实为根据、以法律为根据,不滥用职权和漠视法律,自觉行使检察官的自由裁量权。检察官的政治责任感最大的体现就是要忠实于法律,严格依法办案。检察官作为国家法律的捍卫者,对法律要有坚定的信仰,秉持公正的态度,理性平和地处理每一个案件,伸张正义、维护权益。

(2) 坚持打击与保护相统一,依法追诉犯罪,尊重和保护诉讼参与人和其他公民、法人及社会组织的合法权益,使无罪的人不受刑事追究。现代刑法理论不再认为刑法的作用只是惩罚犯罪,在对犯罪行为做出惩处的同时,也要对犯罪分子的人权进行保护,以免受到国家机器的伤害。检察官在办案的过程中应当坚持打击与保护相统一,不枉不纵、不错不漏,树立人权保护的理念,坚守防止冤假错案的底线。

(3) 坚持实体与程序相统一,严格遵循法定程序,维护程序正义,以程序公正保障实体公正。司法公正是法治的基本要求,而程序正义是司法公正的应有之义。英国法谚有云:"正义不仅要实现,而且要以看得见的方式实现。"这里所说的"看得见"就是指程序正义。检察官应当树立程序意识,坚持程序公正与实体公正并重,严格遵循法定程序,维护程序意识,争取实现程序正义。

(4) 坚持惩治与预防相统一,依法惩治犯罪,立足检察职能开展犯罪预防,积极参与社会治安综合治理,预防和减少犯罪。检察官除了应当依法对犯罪行为进行惩治,还应当找出犯罪现象可能产生的原因,采取有效的措施予以消除,针对可能犯罪的人配合进行预防与矫治,尽可能地减少犯罪的产生。检察官还应采取多项举措,推动惩防体系建设、推进社会管理创新,为经济社会的发展营造良好的法治环境。

(5) 坚持执行法律与执行政策相统一,正确把握办案力度、质量、效率、效果的关系,实现执法办案法律效果、社会效果、政治效果的有机统一。法律是政策的基础,政策是法律的条文化。当前我国正处于社会大变革时期,检察官在处理每一个案件时必须善于将执行政策与正确适用法律紧密结合起来,不仅需要拥有专业的法律水平和优良的执法理念,还需要有较强的政策水平。检察官执法办案时既要考虑政策因素,又要防止突破现有的法律规范,只有这样才能真正做到法律效果与社会效果相统一。

(6) 坚持强化审判监督与维护裁判稳定相统一,依法监督纠正裁判错误和审判活动违法,维护生效裁判既判力,保障司法公正和司法权威。检察官应当坚持实事求是、有错必纠,正确处理依法纠错和维护裁判权威的关系;要站稳人民立场,把依法纠错放在更突出的位置,从维护大局出发,从人民利益出发,敢于纠错、及时纠错、全面纠错,对错案发现一起、查实一起、纠正一起;要坚持依法纠错和维护裁判权威有机统一,坚持保障个人权利和维护社会关系稳定相统一,在审判监督中努力实现公正与秩序的动态平衡,令司法真正赢得群众信任。

(7) 坚持重证据,重调查研究,依法全面客观地收集、审查和使用证据,坚决杜绝非法取证,依法排除非法证据。检察官应当树立证据意识,依法客观全面地收集、审查证据,不伪造、隐瞒、毁损证据,不先入为主、主观臆断,严格把好事实关、证据关。

(8) 坚持理性执法,把握执法规律,全面分析情况,辩证解决问题,理智处理案件。坚持平和执法,平等对待诉讼参与人,和谐处理各类法律关系,稳慎处理每一起案件。坚持文明执法,树立文明理念,改进办案方式,把文明办案要求体现在执法全过程。坚持规范执法,严格依法办案,遵守办案规则和业务流程。检察官应当树立人权保护意识,尊重诉讼当事人、参与人及其他相关人员的人格,保障和维护其合法权益。

(9) 重视群众工作,了解群众疾苦,熟悉群众工作方法,增进与群众的感情,善于用群众信服的方式执法办案。重视化解矛盾纠纷,加强办案风险评估,妥善应对和处置突发事件,深入排查和有效调处矛盾纠纷,注重释法说理,努力做到案结、事了、人和,促进社会和谐稳定。重视舆情应对引导,把握正确舆论导向,遵守舆情处置要求,避免和防止恶意炒作。

(10) 自觉接受监督,接受其他政法机关的工作制约,执行检务公开规定,提高执法透明度。检察官还应该严格执行检察人员执法过错责任追究制度,对于执法过错行为,要实事求是,敢于及时纠正,勇于承担责任。

(11) 精研法律政策,充实办案所需知识,保持专业水准,秉持专业操守,维护职业信誉和职业尊严。检察官应当通过学习、钻研,不断提高自己的理论知识水平,并将所掌握的理论知识运用到实际工作中,使自己所学得到充分发挥;不仅要掌握较高的检察业务知识、法律知识,还要掌握相关学科知识,以适应检察工作的需要;积极参加各种活动,培养自己的文化素养,以先进的文化提升自身气质,体现检察官高尚的情操和良好的形象。

(二) 检察官的职业礼仪

检察官是法律秩序的守护者,如果说法官是通过裁决来维持社会的公平正义,那么检察官就是代表国家实现对公平正义过程的监督。检察官既维护法律的实施,也监督着法律的运行。检察官作为国家司法机关的法律职业工作者,接受国家委托,代表国家利益,体现国家司法体系的形象,因此,遵守良好的职业礼仪规范显得尤为紧要。

检察机关要监督公安机关和法院的司法活动,同时也负责自侦案件的办理。由于长时间和犯罪嫌疑人接触,容易助长简单粗暴的执法作风,这对于检察官队伍职业伦理的培养是极为不利的。一名合格的检察官不仅要业务素质过硬,在执法方式和工作态度上也应该成为社会文明的表率。每一名检察官都应当具有严肃认真的工作态度,遵循严格规范的工作程序,秉持严谨细致的工作作风,进行严密周全的系统思考,展现严正凛然的执法精神。检察官应在具体的执法活动中保持文明热情的工作态度,使用文明规范的工作语言,坚持文明规范的工作方式,维护文明严肃的职业形象。

1. 执法理念文明

《检察官职业行为基本规范(试行)》和《检察官法》规定,一切行为的基础,都要求检察官坚守自己的职业信仰,恪守职业道德,铸造忠诚品格,强化理念提高素质。理念也是一种观念、一种精神,它不仅仅是对现实问题的思考,更重要的是面向未来,对将来有所展望,要具有一定的预见性和前瞻性。因此,树立文明的理念才能指引检察官文明执法。

检察官应当坚持依法履行职责,严格按照法定职责权限、标准和程序执行,不受行政机关、社会团体和个人干涉,不受权势、金钱等因素干扰,坚持客观公正,忠于事实真相,严格执法,秉公办案,不偏不倚,不枉不纵。

2. 执法行为文明

执法行为文明即要求检察官树立文明理念,改进办案方式,规范执法,依法执法,把文明办案要求体现在执法全过程。其重点在于坚持实体与程序相统一,严格遵循法定程序,维护程序正义,以程序公正保障实体公正;坚持重证据、重调查研究,依法全面客观地收集、审查和使用证据,避免非法取证,依法排除非法证据;坚持理性执法,把握执法规律,全面分析情况,辩证解决问题,理智处理案件,才能得到当事人的理解和信任。

3. 执法作风文明

随着商品经济的发展,检察官队伍也面临着种种诱惑,有着腐化和堕落的危险,检察官应以社会主义核心价值观为根本的职业价值取向,遵纪守法,严格自律,保持与合法收入、财产相当的生活水平和健康的生活情趣。检察官退休后应当继续保持良好的操守,不利用地位身份形成的影响和便利条件过问、干预执法办案活动,给职业带来不良影响。

因此,检察官应慎重社会交往,约束自身行为,不参加与检察官身份不符的活动;谨慎发表言论,避免因不当言论对检察机关造成负面影响;保持和发扬良好生活作风,艰苦奋斗,勤俭节约,克己奉公,甘于奉献,反对奢侈浪费;不断更新执法理念,注重团结协作,提高办案效率,不耍特权、逞威风;遵守社会公德,积极参加社会公益活动,树立良好的社会形象。

4. 执法用语文明

《检察官职业行为基本规范(试行)》第四十三条规定,检察官应该遵守接待和语言礼仪,对人热情周到,亲切和蔼,耐心细致,平等相待,一视同仁,举止庄重,精神振作,礼节规范。使用文明礼貌用语,表达准确,用语规范,不说粗话、脏话。

在庭审或者谈判过程中,检察官应当尊重对方律师和犯罪嫌疑人,不使用挖苦、讽刺或侮辱性的语言,时刻保持理性与平和。所谓理性,就是以事实为根据、以法律为准绳,遵守庭审纪律。检察官应在言辞和行为方面保持克制,不使用过激的言辞和行为,不取笑、嘲弄、挖苦、讽刺和侮辱,不因利益冲突而施以人身攻击;不在公众场合及传媒上发表贬低、诋毁、损害同行声誉的言论,不损害法律职业人的整体形象。

(三) 检察官的职业纪律

检察官的职业纪律要遵守"八要八不准",即检察官要热爱人民,不准骄横霸道;要服从指挥,不准各行其是;要忠于职守,不准滥用职权;要秉公执法,不准徇私舞弊;要调查取证,不准刑讯逼供;要廉洁奉公,不准贪赃枉法;要提高警惕,不准泄露机密;要接受监督,不准文过饰非。没有规矩,不成方圆,只有严明的纪律、明确的要求,才能保证司法系统的底线,保障检察官系统的健康。同时,检察官应遵守以下九条硬性规定。

(1) 严守政治纪律,不发表、不散布不符合检察官身份的言论,不参加非法组织,不参加非法集会、游行、示威等活动。检察官不得组织、参加反对党的基本理论、基本路线、基本纲领、基本经验或者重大方针政策的集会、游行、示威等活动。

（2）严守组织纪律，执行上级决定和命令，服从领导，听从指挥，令行禁止，确保检令畅通，反对自由主义。检察官不得违反民主集中制原则，要坚决执行组织做出的重大决定，不得擅自改变；应当认真贯彻执行组织的分配、调动、交流等决定，在选举过程中遵守选举规则，不进行违反有关法律、法规以及其他章程的有关活动。

（3）严守工作纪律，爱岗敬业，勤勉尽责，严谨细致，讲究工作质量和效率，不敷衍塞责。检察官应积极履行职责、不拖延办案，谨遵诉讼相关程序，小心谨慎、避免错案，妥善保管案卷案件材料，在执法办案过程中尽职尽责。

（4）严守廉洁从检纪律，认真执行廉洁从政准则和廉洁从检规定，不取非分之财，不做非分之事，保持清廉本色。检察官不得利用职务上的便利，非法占有非本人经管的国家、集体和个人财物，或者以购买物品时象征性地支付钱款等方式非法占有国家、集体和个人财物，或者无偿、象征性地支付报酬接受服务、使用劳务。

（5）严守办案纪律，认真执行办案工作制度和规定，保证办案质量和办案安全，杜绝违规违纪办案。检察官不得隐匿、销毁举报、控告、申诉材料，不得包庇被举报人、被控告人，或者滥用职权，对举报人、控告人、申诉人、批评人报复陷害；不得徇私枉法，对明知是无罪的人而使其受到追诉，对明知是有罪的人而故意包庇不使其受到追诉；不得非法拘禁他人，或者以其他方法剥夺他人的人身自由，不得非法讯问犯罪嫌疑人、被告人。

（6）严守保密纪律，保守在工作中掌握的国家秘密、商业秘密和个人隐私，加强网络安全防范，妥善保管涉密文件或其他涉密载体，坚决防止失密泄密。检察官不得泄露国家秘密、检察工作秘密，或者为案件当事人及代理人和亲友打探案情、通风报信。

（7）严守枪支弹药和卷宗管理纪律，依照规定使用和保管枪支弹药，认真执行卷宗管理、使用、借阅、复制等规定，确保枪支弹药和卷宗安全。检察官不得擅自携带枪支、弹药进入公共场所，不得私藏枪支弹药或将枪支弹药借给他人使用。

（8）严守公务和警用车辆使用纪律，不私自使用公务和警用车辆，不违规借用、占用车辆。遵守道路交通法规，安全、文明、礼貌行车，杜绝无证驾车、酒后驾车。检察官不得违反交通管理法规，不得违反车辆使用管理规定。

（9）严格执行禁酒令，不在执法办案期间、工作时间和工作日中午饮酒，不着检察制服和佩戴检察徽标在公共场所饮酒，不酗酒。

(四)检察官的职务外行为规范

检察官是国家工作人员,代表着法律体系的形象和尊严,不仅在工作中要时刻注意,履行应尽的义务,在职务外,亦要进行严格的自我约束,在消费水平和生活水平上,应当保证与自己合法收入相一致,如若经常出入高档消费场所,那么公众将会对国家公权机关和司法系统产生不信任感,降低职业的威信。

检察官的职业伦理对检察官的个人行为有着强烈的指导作用,检察官应培养健康的爱好和习惯,在私人时间,健康审慎生活,保持健康良好的生活习惯和个人爱好,对于培养高尚的情操也至关重要。奢侈浪费、虚荣自私的个人品行不可能培养出公正无私、秉公执法的法律职业从业者。检察官应严格按照职业伦理行事,不得参加邪教组织或者参加封建迷信活动,应向家人和朋友宣传科学,引导他们相信科学,反对封建迷信;同时对利用封建迷信活动违法犯罪的,应当立即向有关组织和公安部门反映。

检察官参加社会活动应当谨慎,要自觉维护检察官形象,既不能脱离社会,也不能完全无原则地融入社会。检察官在受到邀请参加座谈、研讨活动时,对与案件有利害关系的机关、企事业单位、律师事务所、中介机构等的邀请应当拒绝,对与案件无利害关系的党政群团、学术团体和群众组织的邀请,经向单位请示批准后方可参加。检察官确需参加在各级民政部门登记注册的社团组织的,应及时报告并依法通过管理权限审批。检察官在业务时间从事写作授课,应以不影响检察工作为前提,对于参加司法职务外活动获得的合法报酬,应当依法纳税。检察官不得乘警车、穿制服出入营业性娱乐场所。检察官在任职期间不得兼任律师、法律顾问等职务,不得私下为所办案件的当事人介绍辩护人或者诉讼代理人。检察官在职务外活动中,不得披露或者使用未公开的检察工作信息,以及在履职过程中获得的商业秘密、个人隐私等非公开的信息。检察官应妥善处理个人事务,按照有关规定报告个人事项,如实申报收入。检察官退休后应当继续保持良好的操守,不再沿用原检察官身份、职务,不利用原地位、身份形成的影响和便利条件,过问、干预执法办案活动,不为承揽律师业务或者其他请托事宜打招呼、行便利,避免因不当言行给检察机关带来不良影响。

检察官虽然享有言论自由的权利,可以针对各种社会问题在公开场合或对媒体发表看法,但是,检察官的言论应避免使自己的行为或身份成为公众讨论的话题。为此,检察官应约束言行、低调内敛,在公共场合及新闻媒体上,不得发表有损法律严肃性、权威性,有损检察机关形象的言论。未经批准,检察官不得对正在办理的案件发表个人意见或者进行评论。

(五) 检察官的职业道德

1. 检察官职业道德的基本准则

根据《中华人民共和国检察官职业道德基本准则》，检察官职业道德的基本要求为忠诚、为民、担当、公正和廉洁。

(1) 忠诚

忠诚是对检察官政治品性方面的要求，彰显了我国检察官的政治本色。忠诚首先体现为忠于党、忠于国家。检察官要做中国特色社会主义事业的建设者、捍卫者和社会公平正义的守护者。检察官应当维护国家安全、荣誉和利益，维护国家统一和民族团结，严守国家秘密和检察工作秘密，保持高度的政治警觉，严守政治纪律。检察官应当加强政治理论学习，提高对政策的理解、灵活运用的能力，提高从政治上、全局上观察问题、分析问题、解决问题的能力。其次体现为忠于事实和法律。案件的基本构成要素就是事实构成与法律规范，这两者也是审理案件的最基本要素。忠于事实是忠于法律的前提，错误的事实是不可能经由法律推理得出正确结论的。忠于事实的同时也必须忠于法律，即要求检察官遵守程序的相关规定，积极查明真相，准确的理解和执行法律，保障司法公正。忠于事实和法律在检察实务中体现为以事实为根据，以法律为准绳，两者相辅相成、缺一不可。最后体现为忠于检察事业。检察官应该热爱人民检察事业，珍惜检察官荣誉，忠实履行法律监督职责，自觉接受监督制约，维护检察机关的形象和检察权的公信力。作为一种特殊的法律职业，检察事业要求检察官对自己的职业更加投入，更有使命感，同时，要反对那些违反规定、插手各类纠纷、滥用职权，报复和打击举报人、控告人、申诉人的行为。检察官应当有职业荣誉感，切实在强化检察业务和遵守职业伦理两个方面提升自己的职业能力和道德水准。

(2) 为民

《检察官法》第三条规定，检察官必须忠实执行宪法和法律，维护社会公平正义，全心全意为人民服务。检察官应当坚持立检为公、执法为民的宗旨，维护最广大人民的根本利益，保障民生，服务群众，亲民、为民、利民、便民。作为一名执法为民的检察官，应当心系百姓，竭尽所能，守得住清贫、经得起诱惑、护得好公正。首先，检察官应铸就真诚而深厚的为民情怀，坚持司法公正，想群众之所想，始终把群众利益放在第一位，真正从维护人民群众的合法利益出发，不断增强服务保障民生的能力，唯有如此，才能得到群众的信任,赢得群众的满意;其次,检察官应厚植为民情怀,时刻把群众安危冷暖和对法律的诉求放在心上,检察权的本质是责任,检察权的本色是为民,应时刻不忘对人民的热忱、对法律责任的敬畏、对职责使命的担当;最后,检察官应常思"律己之心",始终保持清正廉洁,反对任何滥用职权、谋求私利的行为,树立正确的法治理念,不爱慕虚荣、不务虚功、不图虚名,切实做到履职尽责。

(3) 担当

敢于担当是检察官基本的职业素养,要坚守法律底线、坚守职业操守、坚守公平正义。担当是一种品质,是勇于面对困难的锐气和勇气,更是讲政治、讲法治最真实的体现。检察官的担当就是要立足检察职能,直面纷繁复杂的社会矛盾,紧紧抓住人民群众反映强烈的执法不严、司法不力问题,全面强化法律监督,用法律除恶扬善,用法律保护民权,用法律维护稳定,坚决捍卫法律的统一权威和尊严。司法实践中,有的案件之所以出现错误不捕、不诉,其主要原因在于个别办案检察官缺乏担当精神,出于各种因素的权衡,遇到疑难复杂争议案件选择对自己"有利"或者"无害"的方法处理问题。

因此,新时代的检察官要强化思想武装,用习近平新时代中国特色社会主义思想武装头脑和指导实践,努力提升职业素养、专业精神和法律技能,在每一起案件中尽职尽责,实现公平正义,敢于在风口浪尖上接受锻炼,敢于在复杂环境中接受考验,不计较个人得失,不畏惧闲言碎语,不断满足人民群众的新期待,切实担负起法律监督者、公共利益维护者的神圣使命。

(4) 公正

公正是检察工作的核心目标,弘扬了我国检察官的法治精神。公正要求检察官树立忠于职守、秉公办案的理念,坚守惩恶扬善、伸张正义的良知,保持客观公正、维护人权的立场,养成正直善良、谦抑平和的品格,培养刚正不阿、严谨细致的作风。公正要求检察官打击犯罪与保障人权并重、公平与效率兼顾、程序正义与实体正义并重,正确处理好办案质量与办案数量、执行实体法与执行程序法的关系。

公正首先体现为独立履职。检察官应当坚持法治理念,坚决维护法律的效力和权威;依法履行检察职责,不受行政机关、社会团体和个人的干涉,敢于监督,善于监督,不为金钱所诱惑,不为人情所动摇,不为权势所屈服。同时,检察官应当恰当处理好内部工作关系,既独立办案,又相互支持。其次体现为理性履职。检察官应当以事实为根据,以法律为准绳,不偏不倚,不滥用职权和漠视法律,正确行使检察裁量权。检察官应当客观、理性地履行职务，不主观意气办事，避免滥用职权的行为发生。最后体现为履职回避。检察官应当自觉遵守法定回避制度，《检察官法》规定了任职回避制。检察官之间有夫妻关系、直系血亲关系、三代以内旁系血亲关系以及近姻亲关系的，不得同时担任下列职务：同一人民检察院的检察长、副检察长、检察委员会委员；同一人民检察院的检察长、副检察长和检察员；同一业务部门的检察员；上下相邻两级人民检察院的检察长、副检察长。检察官不得兼任人民代表大会常务委员会的组成人员，不得兼任行政机关、监察机关、审判机关的职务，不得兼任企业或者其他营利性组织、事业单位的职务，不得兼任律师、仲裁员和公证员。当检察官的配偶、父母、子女担任该检察官所任职人民检察院辖区内律师事务所的合伙人或者设立人的，以及在该检察官所任职人民检察院辖区内以律师身份担任诉讼代理人、辩护人，或者为诉讼案件当事人提供其他有偿法律服务的，检察官应当实行任职回避。

（5）廉洁

廉洁是检察官职业道德的职责本色，体现了我国检察官的浩然正气。检察官应以社会主义核心价值观为根本的职业价值取向，遵纪守法，严格自律，并教育近亲属或者其他关系密切的人员模范执行有关廉政规定，秉持清正廉洁的情操，严守廉洁从检纪律，认真执行廉洁从政准则和廉洁从检规定，不取非分之财，不做非分之事，保持清廉本色。廉洁具体体现在检察官应当怀有朴实的平常心，树立正确的价值观、权力观、金钱观、名利观。检察官应当做到不以权谋私、以案谋利，不应当利用职务之便或者检察官的身份、声誉及影响，为自己、家人或者其他人牟取不正当利益，同时，不应从事可能有损检察官廉洁形象的活动，遵守任职和回避的各项规定，避免产生不当影响，从而保证职权行使的纯洁性、独立性和公正性。

2. 法律责任

与普通的道德伦理不同，职业伦理有范围上的有限性、内容上的稳定性、形式上的多样性和效力上的准强制性，是检察人员必须遵守的规范。司法职业伦理，尤其是检察官职业伦理很大程度上是依靠强制性实现的，这些强制性包括以下两点。一是将职业伦理道德的遵守与纪律挂钩。不遵守职业伦理规范，是检察纪律所不容的，会受到纪律的处分。二是法律的明文规定。我国《检察官法》中对职业伦理问题做出了明确规定，从而把道德伦理、规范、准则上升为法律，使之具有与法律同等的效能与作用。法律的规定将检察官职业伦理从道德规范转化为法律规范，从而具有法律与道德的双重属性。由此，如果检察官违反职业伦理，就要承担相应的法律责任。

(1) 行政责任

检察官违反其职业伦理,但行为尚未构成犯罪,情节较轻且没有危害后果的,要给予诫勉谈话和批评教育;构成违纪的,根据人民检察院有关纪律处分的规定进行处理。我国《检察官法》和《检察人员纪律处分条例(试行)》规定,纪律处分的种类分为六种:警告、记过、记大过、降级、撤职、开除。警告的期限为6个月,记过的期限为12个月,记大过的期限为18个月,降级、撤职的期限为24个月。

检察官受纪律处分者,在处分影响期内不得晋升职务、级别。受记过、记大过、降级、撤职处分的,在处分影响期内不得晋升工资档次。受撤职处分的,在处分影响期内不得担任领导职务,可以同时撤销其行政职务和法律职务,也可以单独撤销其行政职务或者法律职务。对于担任两个以上行政职务的人员给予撤职处分的,其所担任的所有行政职务一并撤销。受到开除处分的,自处分之日起解除其与检察机关的人事行政关系,其行政职务、级别自然撤销,其法律职务依法罢免或者免除,不得再被录用为检察机关工作人员。

对因犯罪受到刑事处罚的,根据司法机关的生效判决及其认定的事实、性质和情节,依条例规定给予纪律处分,也可根据情况先行给予纪律处分。受到治安管理处罚的,视情节给予纪律处分。在处分决定作出后发现受处分人另有应当受到纪律处分的同一性质的错误,或者受处分人在处分影响期内又犯应当受到纪律处分的同一性质的错误,应当根据新犯错误的事实、情节和应受到的处分,决定延长原处分影响期或者重新作出处分决定。

对此,《检察人员纪律处分条例(试行)》予以了详细规定,把违反检察纪律的行为概括为违反政治纪律的行为,违反组织、人事纪律的行为,违反办案纪律的行为,贪污贿赂行为,违反廉洁从检规定的行为,违反财经纪律的行为,失职、渎职行为,违反警械警具和车辆管理规定的行为,严重违反社会主义道德的行为,妨碍社会管理秩序的行为等十类行为,根据情节予以相应的处分。

(2) 刑事责任

检察官的行为如果严重违反检察官职业伦理,不仅会受到行政处分,构成犯罪的,还要依法追究刑事责任,《检察官法》第四十七条对此相关行为做了明确规定:一是贪污受贿、徇私枉法、刑讯逼供的;二是隐瞒、伪造、变造、故意损毁证据、案件材料的;三是泄露国家秘密、检察工作秘密、商业秘密或者个人隐私的;四是故意违反法律法规办理案件的;五是因重大过失导致案件错误并造成严重后果的;六是拖延办案,贻误工作的;

七是利用职权为自己或者他人谋取私利的;八是接受当事人及其代理人利益输送,或者违反有关规定会见当事人及其代理人的;九是违反有关规定从事或者参与营利性活动,在企业或者其他营利性组织中兼任职务的;十是有其他违纪违法行为的。其具体可以概括成以下三大类犯罪。

第一类,侵犯公民人身权利、民主权利罪。侵犯公民人身权利、民主权利罪是指非法侵犯公民的人身权利和民主权利的行为。其中,刑讯逼供罪是指司法工作人员对犯罪嫌疑人、被告人使用肉刑或者变相肉刑,逼取口供的行为;暴力取证罪是指司法工作人员使用暴力逼取证人证言的行为。刑讯逼供和使用暴力逼取证人证言,不仅严重侵犯了公民的人身权利,也妨碍了司法机关的正常司法活动。

第二类,贪污贿赂罪。贪污贿赂罪是指国家工作人员或国有单位实施的贪污、受贿等侵犯国家廉政建设制度,以及与贪污、受贿犯罪密切相关的侵犯职务廉洁性的行为。贪污贿赂罪的共同特点在于侵犯了国家的廉政建设制度,即侵犯了国家工作人员职务的廉洁性,败坏了国家工作人员的声誉,损害了党和国家机关在人民群众中的威信。

第三类,渎职罪。渎职罪是指国家机关工作人员利用职务上的便利或者徇私舞弊、滥用职权、玩忽职守,妨害国家机关的正常活动,损害公众对国家机关工作人员职务活动客观公正性的信赖,致使国家与人民利益遭受重大损失的行为。《刑法》第三百九十七条规定,国家机关工作人员滥用职权或者玩忽职守,致使公共财产、国家和人民利益遭受重大损失的,处三年以下有期徒刑或者拘役;情节特别严重的,处三年以上七年以下有期徒刑。国家机关工作人员徇私舞弊,犯前款罪的,处五年以下有期徒刑或者拘役;情节特别严重的,处五年以上十年以下有期徒刑。

四、附件讨论与参考文件

(一)某省人民检察院原副检察长李某受贿、巨额财产来源不明犯罪案

1. 案件简介

李某于2004—2014年在担任某省人民检察院副检察长等职务期间,利用职务上的便利,为他人谋取利益;利用本人职权、地位形成的便利条件,通过其他国家工作人员职务上的行为,为他人在承揽工程、土地开发、协调案件等方面谋取不正当利益,索取或非法收受他人财物共计价值人民币868.5082万元、美元2万元。李某还有价值人民币

1322.0707万元的财产、支出明显超过合法收入,不能说明来源。

某市中级人民法院经审理认为,被告人李某的行为已构成受贿罪、巨额财产来源不明罪,应数罪并罚。被告人李某有索贿情节,依法应从重处罚;其能够如实供述自己的罪行,主动交代办案机关尚未掌握的部分犯罪事实,认罪悔罪,积极配合赃款追缴,依法可以对其从轻处罚。对被告人李某以受贿罪判处有期徒刑十一年六个月,并处罚金人民币100万元;以巨额财产来源不明罪判处有期徒刑五年六个月;决定执行有期徒刑十四年六个月,并处罚金人民币100万元;对李某受贿犯罪所得及来源不明财产予以追缴。

2. 案件分析

(1) 对于"利用职务上的便利"的认定

《刑法》第三百八十五条第一款规定的"利用职务上的便利",既包括利用本人职务上主管、负责、承办某项公共事务的职权,也包括利用职务上有隶属、制约关系的其他国家工作人员的职权。担任单位领导职务的国家工作人员通过不属自己主管的下级部门的国家工作人员的职务为他人谋取利益的,应当认定为"利用职务上的便利"为他人谋取利益。

(2) 对于"为他人谋取利益"的认定

为他人谋取利益包括承诺、实施和实现三个阶段的行为。只要具有其中一个阶段的行为,例如,收受他人财物时,根据他人提出的具体请托事项,承诺为他人谋取利益的,就具备了为他人谋取利益的要件。明知他人具有请托事项而收受其财物的,视为承诺他人谋取利益。《最高人民法院 最高人民检察院关于办理贪污贿赂刑事案件适用法律若干问题的解释》第十三条具体规定了应当认定为"为他人谋取利益"的以下情形:实际或者承诺为他人谋取利益的;明知他人有具体请托事项的;履职时未被请托,但事后基于该履职事由收受他人财物的。国家工作人员索取、收受具有上下级关系的下属或者具有行政管理关系的被管理人员的财物价值三万元以上,可能影响职权行使的,视为承诺为他人谋取利益。

(3) 对于"利用本人职权或者地位形成的便利条件"的认定

《刑法》第三百八十八条规定的"利用本人职权或者地位形成的便利条件",是指行为人与被利用的国家工作人员之间在职务上虽然没有隶属、制约关系,但是行为人利用了本人职权或者地位产生的影响和一定的工作联系,如单位内不同部门的国家工作人员之间,上下级单位没有职务上隶属、制约的国家工作人员之间,有工作联系的不同单位的国家工作人员之间等。

据此,人民法院认定,被告人李某于2004—2014年在担任某省人民检察院副检察长等职务期间,利用职务上的便利,为他人谋取利益;利用本人职权或者地位形成的便利条件,通过其他国家工作人员职务上的行为,为他人在承揽工程、土地开发、协调案件等方面谋取不正当利益,是符合法律和司法解释规定的。

(二) 参考文件

1.《中华人民共和国检察官法》(2019年修订)
2.《人民检察院刑事诉讼规则》(2019年)
3.《中华人民共和国检察官职业道德基本准则》(2016年)
4.《检察官职业行为基本规范(试行)》(2010年)
5.《检察人员纪律处分条例(试行)》(2004年)

第七章 律师职业伦理

本章我们要讨论的问题：
1. 就影片《辩护人》，可以从律师职业伦理的角度提出什么问题？
2. 如何理解当代中国律师的职业定位？
3. 分析律师的职业伦理，其主要依据是什么？
4. 能否结合自身经历，具体说明律师的职业规范是什么？
5. 对律师职业规范的具体要求，你有什么看法？

一、影片《辩护人》的故事梗概及其讨论

（一）影片《辩护人》的故事梗概

1978 年，只有高中学历的宋佑硕通过多年的艰苦努力，终于通过司法考试，并在成为法官后很快转行成为一名律师。他敏锐地从最新政策中嗅到商机，以不动产代书业务起家。虽然被同行讥讽为随时随地派发名片的夜店小弟，但宋佑硕不以为忤，一步一步朝着心中的目标迈进。他依靠赚来的钱让妻儿过上富足的生活，也还了七年前在饭店老板娘那里欠下的良心债。进入 20 世纪 80 年代，韩国民主化斗争愈演愈烈。宋佑硕全然不顾窗外事，关起门来继续赚钱，然而社会的巨变已经不容他置身事外，饭店老板娘的儿子朴镇宇因从属的釜山读书联合会被控为左翼社团而遭到逮捕，更受到残酷的虐待和不公的指控。宋佑硕在经历了一番思想斗争后，决定为朴镇宇辩护。虽然爱钱却更重感情的宋佑硕，就这样作为一名律师，走上了为民主辩护的道路。

介入案件调查之后，看到被污蔑为"赤色分子"的朴镇宇所承受的非人折磨和虐待，

宋律师无比震惊,决心努力做好辩护人,以拯救落入专制军政府之魔爪的朴镇宇。随着对案件了解的深入,宋律师看清了案件背后官官勾结、滥用公权的真相,明白了其实整个案件都是阴谋,就连审判也只是走一个过场而已。此时的他已经不仅是因为和老板娘的私人友情而抗争,而是为他所说的"想让我的孩子们不要生活在因这种荒唐的事踩刹车的时代"而努力了。

宋律师以一人之力夜以继日、全力以赴,在能力范围内用尽了各种方法,研究法律、利用外媒、涉险找证据……让检方和法官措手不及。正当宋律师找到军医做证人,以为军医的证明会使得辩护成功的时候,现实给了他的不懈努力以沉重一击:证人被抓走,证言被删除,辩护依旧失败。辩护失败后,老板娘对宋律师说:"你已经尽力了。"确实,作为一个无权无势的平凡律师,他的确已经尽力了。

但故事到这里尚未结束,宋律师由此成为了釜山的民主斗士,成为了当年被他鄙视的"吃饱了撑的大学生"。他三番五次组织示威游行,最终因违反集会和示威的法律而被当成犯罪嫌疑人送上了法庭。出人意料的是,全釜山142名律师中有99名作为辩护人出席法庭欲为他辩护。

电影故事中宋律师的原型正是韩国前总统卢武铉。

(二) 对影片中涉及的人物及律师职业伦理进行的讨论

1. 围绕人物角色的讨论

有四位同学发表了各自不同的观点,请问你支持哪种观点,并说明理由。

(1) 为什么片中当事人的委托律师宋佑硕一开始拒绝委托?

同学A:宋佑硕通过接一些简单的案子改善了家庭生活,他的事业也蒸蒸日上,因此对不关乎自己利益的政治案件就事不关己、高高挂起。

同学B:宋佑硕表示他只是个商业律师,只想挣钱,并不想卷入国安法案件中。

同学C:宋佑硕认为个人的力量改变不了整个社会,也单纯地认为学生游行是因为学生自身不安分、不守规矩,报纸和电视所记录的事实代表的就是真相。

同学D:因为他同时还有其他的客户,他不想失去能带来巨大利益的客户海东建筑公司,作为这家公司的代理人显然更能够提升他的知名度,增加收入,对律师事务所的发展也更为关键,因此选择放弃。

(2) 为什么后来宋佑硕又改变了想法,同意代理这个案件?

同学A:宋佑硕发现帮助过自己的恩人的儿子朴镇宇也陷入了国安法案件中,在恩人的恳求之下决定为其辩护。

同学B：其实宋佑硕是一个非常重感情，而且通晓事理的人，他明白自己只是一个高中学历的律师，不能够改变社会什么，但是他也想贡献自己的一份力量，证明自己的实力。

同学C：被迫介入了这个案子之后，宋佑硕被公权力的粗暴和肆意所震撼，一个瘦弱的孩子竟然被粗暴地殴打和严刑逼供，种种的景象让宋佑硕触目惊心。他看见了国家社会的黑暗，他开始明白这样畸形的社会需要有人勇敢站出来，他便从被动到主动去辩护。

同学D：改变想法的原因除了报恩之外，还有为了伸张正义，其作为律师对公平正义的追求。

（3）为什么片尾当宋佑硕成为犯罪嫌疑人站在法庭上，全釜山142名律师中有99名作为辩护人出席法庭？

同学A：因为男主人公的行为事迹唤起了律师群体内心的正义，所以他们团结一致为其辩护。

同学B：正如宋佑硕所说的"正因为法律职业者更懂法律，所以才更要走在为公民维法的道路前面"。

同学C：律师们出庭辩护说明正义永远不会缺席。

同学D：宋佑硕在法庭上得到曾经鄙视过他的同行律师的帮助，映射出法律职业共同体的坚定信念。控、辩、审三方应该在相互尊重的基础上进行平等交流，其共同的努力方向就是维护法律尊严，实现公正审判，保障公民的合法权利不受侵犯。

（4）如果你是宋佑硕，你愿意接受委托吗？

同学A：我愿意接受委托。因为委托人曾经在我困难时帮助了我，是我的恩人，为了报答恩情，我愿意以自己的专业技能去帮助她。

同学B：我愿意。因为这个案子涉及刑讯逼供，涉及一群被冤枉的学生，我接受委托替他们辩护是为了保障人权，保护这群被冤枉的学生，伸张正义。

同学C：我不愿意。因为我的主要业务是税务律师，对这类案件并不专攻，我会建议委托人委托相关的专门律师。

同学D：我可能不会接受委托。因为这个案子对抗的是国家公权力，且对方以我的家人相威胁，为了保护家人的安全，我可能不会接受委托。

小结：在片中有很多经典台词，其中一句是"在这种市民无法行使自己法律权利的时候,作为法律职业者,我更应该走在最前面,这才是真正的法律职业者的义务"。由此,接下来需要探讨什么是律师应该追求的目标和应尽的义务。

2. 就律师职业伦理进行的讨论

(1) 胜诉应该是律师追求的目标吗?

同学 A:我认为胜诉不应该是律师所追求的唯一目标。律师作为法律人,被视为整个法律体系中的有机部分,而不应仅是委托人的代表。律师所追求的目标应当是实现社会的公平正义,而不仅仅是个案的胜诉。

同学 B:胜诉是律师应该追求的目标,律师职业就是接受委托,一切为了委托人的利益,律师追求胜诉是为当事人谋求的最大利益。

同学 C:决定胜诉的因素有很多,且很多并不是律师可以决定的。只要在代理过程中尽心尽力、恪尽职守,专注于过程就可以了。

同学 D:很多当事人找到律师的第一句话就是,这官司能赢吗?如果注定是败诉的案件,而律师又不告知当事人,最终败诉了肯定会对律师产生不良影响。

(2) 如果当事人的行为不符合正义的标准,律师应该接受委托吗?

同学 A:律师应该接受委托。律师最大的正义就是维护委托人的合法权益。对于犯罪嫌疑人的委托,即便他的所作所为罪大恶极,也要替他维护正当的权益。对于不符合正义标准的行为的当事人,也有权得到辩护,如果律师不接受代理,则法庭公正的一环就会缺失。律师眼里的正义是让每一个人都有机会,公平地站在法律面前接受裁决。

同学 B:律师不应该接受委托。律师有选择是否接受委托的权利。若当事人的行为与律师心目中的正义标准相违背,则律师有权拒绝委托。

同学 C:对于正义并无统一的衡量标准,律师不应以个人的好恶加以评判。只要当事人委托,律师就可以接受。

(3) 如果律师发现当事人的委托事项如果继续履行具有巨大的法律风险,但其仍然坚持,律师该怎么办?

同学 A:律师应该告知其巨大的法律风险,若委托人仍坚持,律师可以选择做好代理职权范围的工作,尽到其代理义务后,可以选择终止代理。

同学 B:即便当事人的委托存在法律风险,基于对委托人的忠实义务,我认为律师仍应继续代理。

同学 C:是否履行是当事人自行决定的事,律师作为代理人无权加以阻拦和干涉,只要处理好委托事项即可。

小结：以上问题的争议焦点在于律师的职业定位是什么，是维护社会的公平正义还是维护当事人的权益？接下来围绕法律规定探讨律师的职业道德和职业规范。

二、律师的职业定位和职业伦理

(一) 律师的职业定位

1. 律师的职业属性

关于律师的职业属性的定位，理论界和实务界一直仁者见仁、智者见智，始终没有形成定论。学者陈卫东认为，律师的职业属性是指律师区别于其他职业而具有的本质特性，律师兼具社会性和自由性的双重属性，是社会自由职业者。律师田文昌认为，律师的职业属性是律师作为法律职业者区别于其他职业者的本质特征，律师是为委托人提供法律服务的社会工作者，委托性和社会性是律师的基本属性。律师的职业属性体现在相互联系、不可分割的四个方面中，这就是律师的法治性、社会性、独立性和专业性。也有观点认为，其可以归纳为政治性和社会性两种属性。律师之所以具有政治性，是因为其产生之初就与商品经济和民主制度密不可分，是国家上层建筑的组成部分；律师之所以具有社会性，是因为律师的业务来源于社会，是社会需求的自然表现，是社会主体的自主选择。

根据上述定义归纳，律师职业主要具有以下属性。

（1）律师为社会提供法律服务，不以营利为目的，在为社会创造价值的同时实现个人的应有价值，因而具有显著的社会性。

首先，律师职业的服务对象是广泛的社会主体。现行《律师法》第二十八条明确规定了律师的七项业务，而这七项业务中最根本的要求是律师为各类社会主体提供专业法律服务。律师职业的服务内容涉及社会生活的各个方面，不但包括传统的刑事辩护、诉讼与仲裁代理、法律咨询、代写法律文书，而且已经涉及金融、保险、证券、商标、专利、海事、房地产等非诉讼业务领域，这些非诉讼业务领域对于社会生活各个层面具有日益重要的影响。

其次，律师职业具有社会公益性。律师职业的社会公益性不但体现在法律援助制度赋予律师的无偿救济职能中，而且体现在律师通过法律服务产生的各种社会效应中。

(2) 律师职业具有先天的政治性属性,即反映国家尊重人权和维护社会秩序的整体意志,也体现出人民对自由、平等、民主和正义的追求。

首先,律师职业是民主法治的产物。在现代法治国家,律师制度被认为是民主制度的重要组成部分,是国家政治制度的一种制约力量,是国家政治生活的参与者,其直接参与并实际影响着国家民主政治制度的运作过程。

其次,律师职业是上层建筑的必要组成部分。我国是社会主义法治国家,律师与检察官、法官共同组成法律职业共同体,尽管分工有所不同,但同属于一个国家法律制度体系的组成部分,具有鲜明的国家上层建筑性质。

(3) 除了社会性和政治性,律师职业还具有经济性。

首先,律师职业具有谋生性。律师是自然人,按照马克思主义关于人的基本属性的观点,其固然需要一定的经济收入维持其自我生命及家庭成员的存续及发展。

其次,律师职业具有有偿性。律师职业的有偿性是指律师为社会主体提供法律服务在原则上是应当获得报酬的。法律服务是律师的劳动形式,具有商品特性。律师基于当事人委托,为当事人提供法律服务并从当事人那里获得经济上的报酬,表现为一种市场交换关系。为了保证律师和法律服务在交换中体现公平性,各国都制定了相关的收费规则和责任赔偿制度。

2. 律师的职业定位

大陆法系国家对律师的职业定位强调司法属性。在法国和德国,律师的职业定位是"司法辅助者",是与法官、检察官共同参与司法活动并完成司法目的的业务人员,其在法庭上代表各自的当事人发表意见,不仅给当事人提供法律帮助,同时也为法官正确解决案件提供协助。在日本,律师被定位为"在野法曹",其使命有两个:其一是拥护基本人权,实现社会正义;其二是在诚实执行职务的基础上,努力维护社会秩序及改善法律制度。以上国家的律师都重视承担社会责任,并借此提升自身的公众形象,即不但积极参与法律援助,维护社会正义,而且积极参与人权、环保和慈善捐赠之类的公益事业。

英国律师分为出庭律师与事务律师,两者相互分立,执业机构也各自独立。出庭律师的职能在于司法职责,并且不与当事人直接接触,可以出任法官,更有利于向司法官员身份的转化,人们对其社会责任的期待比较高,因而呈现较强的司法属性;事务律师的职责是履行商务服务职能,为当事人服务、为出庭律师服务,人们对其社会责任的期待比较低,因而呈现较强的商业属性。美国律师《职业行为示范规则》规定,律师为法律职业的一员,是委托人的代理人、法律制度的职员,是对司法质量负有特殊职责的公民。

美国继承了英国的事务律师的商业属性,并且发挥到了极致。在美国,律师更多地被定位为"自由职业者",更多地关注律师在追求商业利益的同时是否严格遵守职业道德的问题,而不是律师承担了多少社会责任的问题。

在中国,律师是"为当事人提供法律服务的执业人员"。2017年修订的《律师法》对律师的定义为"依法取得律师执业证书,接受委托或者指定,为当事人提供法律服务的执业人员",同时规定了"律师应当维护当事人合法权益,维护法律正确实施,维护社会公平和正义"。我国《律师法》对律师的职业定位决定了律师不仅要把为当事人服务作为基本职责,还应担当相应的社会责任。综上所述,律师的职业定位是作为委托人的代理人,提供法律服务,履行特殊职责的专业人员。

(二) 律师的职业道德

1. 律师职业道德的基本准则

律师职业道德的基本准则主要有忠诚、为民、法治、正义、诚信和敬业六个方面。

(1) 忠诚。作为律师,要忠诚于我国的社会主义制度,坚定中国特色社会主义理想信念,拥护中国共产党的领导,维护法律的正确实施与社会公平正义,遵守宪法和法律,恪守律师职业道德和执业纪律,以事实为根据,以法律为准绳。

(2) 为民。律师应当始终把执业为民作为根本宗旨,全心全意为人民群众服务。在执业过程中,应服务人民群众,努力维护人民群众的根本利益,做勇于承担社会责任、敢于担当的律师,积极服务社会、参与社会公益活动。

(3) 法治。律师应当坚定法治信仰,牢固树立法治意识,模范遵守宪法和法律,在执业中坚持以事实为根据,以法律为准绳,严格依法履责,尊重司法权威,遵守诉讼规则和法庭纪律,与司法人员建立良性互动关系,维护法律的正确实施,促进司法公正,切切实实体现律师职业价值。律师应在法治理念的指引下,正确处理与司法机关、行政机关之间的关系,建立良性沟通机制,保证宪法和法律的正确实施,引导人民群众遵纪守法。

(4) 正义。法治理念的价值追求应为社会公平正义的实现,正义是法律职业活动最根本的价值目标,也是人们对法律职业的终极企盼。作为律师,应坚持合法合理、公平对待、维护正义、抛弃邪恶、围绕大局、立足本职的原则,正确引导当事人依法理性维权,努力维护当事人的合法权益。律师应从当事人的利益角度出发,在履行职责过程中,公平对待每个当事人,同时又根据案件特点及当事人个性差异在处理问题的方式方法上区别对待,促进案件依法、公正解决,努力创造和谐稳定的社会环境和公正高效的法治环境,真正维护社会的公平正义。

(5) 诚信。律师应当牢固树立诚信意识,自觉遵守职业行为规范。首先,作为律师,应对当事人诚实守信,严格按照与当事人的约定行使权利和履行义务,应勤勉负责、恪尽职守、严格自律,不能欺瞒当事人,不能利用职业方便侵害国家机密、商业秘密和公民隐私。其次,作为律师,应对国家司法机关和行政机关诚实守信,在代理案件的过程中,不能为了迎合当事人利益不惜利用伪造的证据、引诱证人串供、做假证明来欺骗司法机关工作人员,使当事人的合法利益受到侵害,这不仅会贬低律师个人声誉,更会损害律师集体荣誉、国家利益,甚至使社会法治环境遭到破坏。因此,律师应将行业规范和准则牢记于心,应时刻以诚信的思想要求自己。

(6) 敬业。律师应当热爱律师职业,尊重自己的工作,在委托代理过程中不欺诈、不懈怠,不断提高个人道德素养和执业水平,包括法律识别、法律解释、法律推理和论辩、证据操作、文书制作能力等。在自身能力提升的同时,也提升整个律师队伍的形象。

2. 律师的法律责任

律师的法律责任是指律师在执业活动中,因为故意或者过失,违反有关法律法规规定以及律师执业纪律,损害当事人合法权益,扰乱正常司法秩序,影响律师职业形象,导致律师依法应承担的民事法律责任、行政法律责任、刑事法律责任。

(1) 民事法律责任

律师的民事法律责任,是指律师执业过程中,因违法执业或者因过错给当事人的合法权益造成损害所应承担的民事赔偿责任。律师基于当事人的委托或聘请,帮助当事人办理有关法律事务,以维护当事人的合法权益。这种委托关系属于代理关系,当事人授予律师一定范围内的代理权,并付给律师一定数额的酬金,律师则是根据授权或法律规定为当事人提供有效的法律帮助,以维护当事人的合法权益。根据民事权利义务对等的原则,如果律师在执行职务的过程中,即在行使代理权的过程中,因主观过错使被代理人的合法权益受到不应有的损害,律师就应当承担相应的民事法律责任,其中包括向当事人赔偿经济损失。

我国《律师法》第五十四条规定,律师违法执业或者因过错给当事人造成损失的,由其所在的律师事务所承担赔偿责任。律师事务所赔偿后,可以向律师追偿。律师和律师事务所不得免除或者限制因违法执业或者过错给当事人造成损失所应当承担的民事责任。

律师承担民事赔偿责任的情形有两种:一是违法执业;二是因过错给当事人造成

损失。对于第二种情形,其表现为委托人与律师的纠纷,即委托人通常认为对己不利的裁判结果是由于律师不尽力造成的。但不尽力造成的过错却并不是委托人主观便可认定的,它需要事实来证明,这个事实可以通过上诉或申诉的重审、改判来证明,也可以通过类比其他相同案件的相同证据所发挥的作用来证明,因为法律上的"过错"必须相对于"损失"存在。如果律师未取得的证据并不具有形成对委托人有利的、不同于原裁判结果的事实或可能,律师就没有"过错"可言。律师的违法执业和过错行为主要包括:因超越委托权限给当事人造成损失;遗失重要证据而导致无法举证或证据失效;泄露国家机密、当事人商业秘密、当事人个人隐私;出具错误的法律意见书;应当收集的证据,由于律师的原因而没有及时收集,而使证据湮灭;由于律师的原因,使当事人失去诉讼时效;律师玩忽职守,草率处理案件等。律师因执业过错给委托人造成损害时,律师事务所应当退还收取的律师费,并赔偿当事人造成的直接经济损失。

法律援助情形下的律师侵权责任应由政府承担。律师承担法律援助义务是律师应尽的职责,律师基于法律的规定,接受法院的指定及法律援助机构的指派或安排而履行法律援助义务。律师与当事人之间并不存在合同关系,所以律师侵害当事人的合法权益时不承担违约责任。当律师的行为对当事人构成侵权责任时,基于律师承担法律援助义务的非获利性,让其承担侵权责任显然不符合公平正义的理念与责权利相一致的原则。由此可见,法律援助制度的特殊性也决定了在此过程中律师民事责任实际承担的特殊性。

(2) 行政法律责任

律师的行政法律责任,是指律师个人违反《律师法》进行违法执业行为所应承担的行政法律后果。行政法律责任是一种常见的、适用面较为广泛且灵活的法律责任形式。在我国,《律师法》第四十七条至第四十九条规定,对律师个人的行政处罚分为警告、罚款、没收违法所得、停止执业、吊销执业证书五种。《律师和律师事务所违法行为处罚办法》对此进行了具体化的规定,律师应予处罚的情形包括如下方面。

一是同时在两个以上律师事务所执业。即在律师事务所执业的同时又在其他律师事务所或者社会法律服务机构执业的;在获准变更执业机构前以拟变更律师事务所律师名义承办业务,或者在获准变更后仍以原所在律师事务所的名义承办业务的。

二是以不正当手段承揽业务。即以误导、利诱、威胁或者作虚假承诺等方式承揽业务的;以支付介绍费、给予回扣、许诺提供利益等方式承揽业务的;以对本人及所在律师事务所进行不真实、不适当宣传或者诋毁其他律师、律师事务所声誉等方式承揽业务的;在律师事务所住所以外设立办公室、接待室承揽业务的。

三是在同一案件中为双方当事人担任代理人,或者代理与本人及其近亲属有利益冲突的法律事务。即在同一民事诉讼、行政诉讼或者非诉讼法律事务中同时为有利益冲突的当事人担任代理人或者提供相关法律服务的;在同一刑事案件中同时为被告人和被害人担任辩护人、代理人,或者同时为2名以上的犯罪嫌疑人、被告人担任辩护人的;担任法律顾问期间,为与顾问单位有利益冲突的当事人提供法律服务的;曾担任法官、检察官的律师,以代理人、辩护人的身份承办原任职法院、检察院办理过的案件的;曾经担任仲裁员或者仍在担任仲裁员的律师,以代理人身份承办本人原任职或者现任职的仲裁机构办理的案件的。

四是曾经担任法官、检察官的律师,从人民法院、人民检察院离任后2年内,担任诉讼代理人、辩护人或者以其他方式参与所在律师事务所承办的诉讼法律事务的。

五是拒绝履行法律援助义务。即无正当理由拒绝接受律师事务所或者法律援助机构指派的法律援助案件的;接受指派后,懈怠履行或者擅自停止履行法律援助职责的。

六是私自接受委托、收取费用,接受委托人财物或者其他利益。即违反统一接受委托规定或者在被处以停止执业期间,私自接受委托,承办法律事务的;违反收费管理规定,私自收取、使用、侵占律师服务费以及律师异地办案差旅费用的;在律师事务所统一收费外又向委托人索要其他费用、财物或者获取其他利益的;向法律援助受援人索要费用或者接受受援人的财物或其他利益的。

七是接受委托后,无正当理由,拒绝辩护或者代理,不按时出庭参加诉讼或者仲裁。除非有以下情况:委托事项违法,或者委托人利用律师提供的法律服务从事违法活动的;委托人故意隐瞒与案件有关的重要事实或者提供虚假、伪造的证据材料的;委托人不履行委托合同约定义务的;律师因患严重疾病或者受到停止执业以上行政处罚的;其他依法可以拒绝辩护、代理的。

八是利用提供法律服务的便利牟取当事人争议的权益。即采用诱导、欺骗、胁迫、敲诈等手段获取当事人与他人争议的财物、权益的;指使、诱导当事人将争议的财物、权益转让、出售、租赁给他人,并从中获取利益的。

九是泄露商业秘密或者个人隐私。即律师未经委托人或者其他当事人的授权或者同意,在承办案件的过程中或者结束后,擅自披露、散布在执业中知悉的委托人或者其他当事人的商业秘密、个人隐私或者其他不愿泄露的情况和信息的。

十是违反规定会见法官、检察官、仲裁员以及其他有关工作人员。即在承办代理、辩护业务期间,以影响案件办理结果为目的,在非工作时间、非工作场所会见法官、检察官、仲裁员或者其他有关工作人员的;利用法官、检察官、仲裁员或者其他有关工作人员的特殊关系,影响依法办理案件的;以对案件进行歪曲、不实、有误导性的宣传或者诋毁有关办案机关和工作人员以及对方当事人声誉等方式,影响依法办理案件的。

十一是向法官、检察官、仲裁员以及其他有关工作人员行贿,介绍贿赂或者指使、诱导当事人行贿。即利用承办案件的法官、检察官、仲裁员以及其他工作人员或者其近亲属举办婚丧喜庆事宜等时机,以向其馈赠礼品、金钱、有价证券等方式行贿的;以装修住宅、报销个人费用、资助旅游娱乐等方式向法官、检察官、仲裁员以及其他工作人员行贿的;以提供交通工具、通信工具、住房或者其他物品等方式向法官、检察官、仲裁员以及其他工作人员行贿的;以影响案件办理结果为目的,直接向法官、检察官、仲裁员以及其他工作人员行贿、介绍贿赂或者指使、诱导当事人行贿的。

十二是向司法行政部门提供虚假材料或者有其他弄虚作假行为。即在司法行政机关实施检查、监督工作中,向其隐瞒真实情况,拒不提供或者提供不实、虚假材料,或者隐匿、毁灭、伪造证据材料的;在参加律师执业年度考核、职业评价、评先创优活动中,提供不实、虚假、伪造的材料或者有其他弄虚作假行为的;在申请变更执业机构,办理执业终止、注销等手续时,提供不实、虚假、伪造材料的。

十三是故意提供虚假证据或者威胁、利诱他人提供虚假证据,妨碍对方当事人合法取得证据。即故意向司法机关、行政机关或者仲裁机构提交虚假证据,或者指使、威胁、利诱他人提供虚假证据的;指示或者帮助委托人或者他人伪造、隐匿、毁灭证据,指使或者帮助犯罪嫌疑人、被告人串供,威胁、利诱证人不作证或者作伪证的;妨碍对方当事人及其代理人、辩护人合法取证的,或者阻止他人向案件承办机关或者对方当事人提供证据的。

十四是接受对方当事人财物或者其他利益,与对方当事人或者第三人恶意串通,侵害委托人权益。即向对方当事人或者第三人提供不利于委托人的信息或者证据材料的;与对方当事人或者第三人恶意串通、暗中配合,妨碍委托人合法行使权利的;接受对方当事人财物或者其他利益,故意延误、懈怠或者不依法履行代理、辩护职责,给委托人及委托事项的办理造成不利影响和损失的。

十五是扰乱法庭、仲裁庭秩序,干扰诉讼、仲裁活动的正常进行。即在法庭、仲裁庭上发表或者指使、诱导委托人发表扰乱诉讼、仲裁活动正常进行的言论的;阻止委托人或者其他诉讼参与人出庭,致使诉讼、仲裁活动不能正常进行的;煽动、教唆他人扰乱法庭、仲裁庭秩序的；无正当理由，当庭拒绝辩护、代理，拒绝签收司法文书或者拒绝在有关诉讼文书上签署意见的。

十六是煽动、教唆当事人采取扰乱公共秩序、危害公共安全等非法手段解决争议。即煽动、教唆当事人采取非法集会、游行示威，聚众扰乱公共场所秩序、交通秩序，围堵、冲击国家机关等非法手段表达诉求，妨害国家机关及其工作人员依法履行职责，抗拒执法活动或者判决执行的；利用媒体或者其他方式，煽动、教唆当事人以扰乱公共秩序、危害公共安全等手段干扰诉讼、仲裁及行政执法活动正常进行的。

十七是发表危害国家安全、恶意诽谤他人、严重扰乱法庭秩序的言论。即承办代理、辩护业务期间，发表、散布危害国家安全，恶意诽谤法官、检察官、仲裁员及对方当事人、第三人，严重扰乱法庭秩序的言论的；在执业期间，发表、制作、传播危害国家安全的言论、信息、音像制品或者支持、参与、实施以危害国家安全为目的活动的。

十八是泄露国家秘密。即律师违反保密义务规定，因故意或者过失，泄露其在执业中知悉的国家秘密，给国家造成损失的。

（3）刑事法律责任

我国《刑法》第四条规定，对任何人犯罪，在适用法律上一律平等，不允许任何人有超越法律的特权。律师也不例外，由于律师所扮演的特殊社会角色，在法律实现中具有不可或缺的地位，律师在执业过程中的违法行为亦有触犯《刑法》的可能性。律师执业中的刑事责任具有以下基本特点：首先，律师执业中的刑事责任产生于律师执业过程；其次，律师执业中的刑事责任的实质在于违反了律师执业要求的法律规范；最后，必须依照《刑法》中的明确规定追究律师的刑事责任。

《律师法》第四十九条规定，律师有下列行为之一构成犯罪的，应当依法追究刑事责任：违反规定会见法官、检察官、仲裁员以及其他有关工作人员，或者以其他不正当方式影响依法办理案件的；向法官、检察官、仲裁员以及其他有关工作人员行贿，介绍贿赂或者指使、诱导当事人行贿的；向司法行政部门提供虚假材料或者有其他弄虚作假行为的；故意提供虚假证据或者威胁、利诱他人提供虚假证据，妨碍对方当事人合法取得证据的；接受对方当事人财物或者其他利益，与对方当事人或者第三人恶意串通，侵害委托人权益的；扰乱法庭、仲裁庭秩序，干扰诉讼、仲裁活动的正常进行的；煽动、教唆当事人采取扰乱公共秩序、危害公共安全等非法手段解决争议的；发表危害国家安全、恶意诽谤他人、严重扰乱法庭秩序言论的；泄露国家秘密的。

律师因执业行为涉及的犯罪主要包括以下三类。

其一,辩护人、诉讼代理人毁灭证据、伪造证据、妨害作证罪。现行《刑法》第三百零六条规定,在刑事诉讼中,辩护人、诉讼代理人毁灭、伪造证据,帮助当事人毁灭、伪造证据,威胁、引诱证人违背事实改变证言或者作伪证的,处三年以下有期徒刑或者拘役;情节严重的,处三年以上七年以下有期徒刑。根据规定,可以判断律师构成伪证罪只存在于刑事诉讼中,在民事诉讼中不构成伪证罪。并且只有在影响到案件的重大关系中做虚假陈述,直接关系到造成案件侦查和审判结论的情况下才构成伪证罪。同时,律师作伪证属于故意犯罪,意在陷害他人和隐匿罪证,过失不构成犯罪。

其二,行贿罪和介绍贿赂罪。《刑法》第三百八十九条规定,为谋取不正当利益,给予国家工作人员以财物的,是行贿罪。其同时也规定,在经济往来中,违反国家规定,给予国家工作人员以财物,数额较大的,或者违反国家规定,给予国家工作人员以各种名义的回扣、手续费的,构成行贿罪。律师犯该罪,除行贿对象具有相对的特殊性外,通常行贿的目的都是为委托人谋取不正当利益,律师可能从中间接获取好处。律师犯介绍贿赂罪主要是接受案件委托人之托,向司法工作人员介绍贿赂。在某些情况下,也可能是按照个别案件承办人的意思,在案件承办人与委托人之间牵线搭桥。

其三,侵犯商业秘密罪。律师犯侵犯商业秘密罪主要是指违反了其应当履行的保守秘密义务。律师在执业活动中,会接触到委托人大量的商业秘密,例如,委托人的经营状况、债权债务的情况、委托人的客户范围等,律师应基于委托人对其的信赖保守这些秘密。若因违反了这一义务而给委托人造成重大损失的,应当承担刑事责任。

三、律师职业规范

律师职业道德是从一般意义上论证说明律师作为职业人的基本伦理、基本精神,但在具体的人与人交往关系中,律师职业道德会通过具体的关系往来反映出来,这就涉及律师与客户之间的职业规范,律师与法官、检察官之间的职业规范,律师与同行之间的职业规范,律师与律师事务所、律师协会之间的职业规范等。

(一) 律师与客户之间的职业规范

1. 律师的收费规范

(1) 律师收费的主要方式

① 固定收费:律师与委托人在确定代理关系之前确定收费的数额,一般适用于小

型律师事务所,或者律师担任法律顾问的情况。

② 按小时收费:按照律师给客户提供法律服务所需要的时间来计算费用。这个费用一般会与律师的经验、资历、声望相结合,同时与该法律业务的复杂程度相关。

③ 按标的收费:按照案件标的额的一定比例收费,有些国家和地区在这种情况下一般规定了律师费的上限。

④ 附条件收费:主要用于人身伤害、环境污染、产品责任等案件中,律师按照一定比例,从将要获得的赔偿中收取费用。

(2) 律师收费的基本原则

按照《律师服务收费管理办法》的相关规定,律师收费应当遵循以下基本原则。一是公开公平原则。所谓公开公平原则,是指律师提供法律服务应该按照相关规定制定并公布透明合理的收费标准,其收费水平要与律师的知识水平、服务质量相一致。二是自愿有偿原则。律师在与委托人就法律服务费用问题进行协商时,应该充分尊重委托人的意见,经过双方平等协商后,确定律师费用,不能"强买强卖"。三是诚实信用原则。律师收费应该切实反映律师在办理法律服务过程中的劳动付出,不能故意增加不合理开支,更不能虚构服务时长或服务内容。此外,《律师服务收费管理办法》还规定了一个例外原则,即"适当减免原则",该原则主要是考虑到对于那些经济确有困难,缺乏必要的诉讼能力,但又不符合政府法律援助范围的公民或非营利性组织,律师事务所可以酌情减收或者免收律师服务费。

(3) 律师收费的规范限制

① 律师不得私自接受委托、收取费用。《律师法》第二十五条第一款规定,律师承办业务,由律师事务所统一接受委托,与委托人签订书面委托合同,按照国家规定统一收取费用并如实入账。《律师法》第四十条第一款规定,律师不得私自接受委托、收取费用,接受委托人的财物或者其他利益。《律师法》第五十条规定,律师事务所违反规定接受委托、收取费用的,由设区的市级或者直辖市的区人民政府司法行政部门视其情节给予警告、停业整顿一个月以上六个月以下的处罚,可以处于十万元以下的罚款;有违法所得的,没收违法所得;情节特别严重的,由省、自治区、直辖市人民政府司法行政部门吊销律师事务所执业证书。

② 合理收取律师费。《律师服务收费管理办法》第九条规定,实行市场调节的律师服务收费,由律师事务所与委托人协商确定。收费标准主要考虑耗费的工作时间、法律事务的难易程度、委托人的承受能力、律师可能承担的风险和责任、律师的社会信誉和

工作水平等。

(4) 风险代理范围的限制性规定

我国《律师服务收费管理办法》第十一条规定,以下四类案件不能实行风险代理收费:第一类是婚姻、继承案件;第二类是请求给予社会保险待遇或者最低生活保障待遇的案件;第三类是请求给予赡养费、抚养费、扶养费、抚恤金、救济金和工伤赔偿的案件;第四类是请求支付劳动报酬的案件。

实行风险代理收费,律师事务所应当与委托人签订风险代理收费合同,约定双方应承担的风险责任、收费方式、收费数额或比例。实行风险代理收费,最高收费金额不得高于收费合同约定标的额的30%。

(5) 律师收费的监督和争议的解决

公民、法人和其他组织如果认为律师事务所或律师存在价格违法行为,可以通过函件、电话、来访等形式,向价格主管部门、司法行政部门或者律师协会举报、投诉。因律师服务收费发生争议的,律师事务所应当与委托人协商解决。协商不成的,可以提请律师事务所所在地的律师协会、司法行政部门和价格主管部门调解处理,也可以申请仲裁或者向人民法院提起诉讼。

同时,地方人民政府价格主管部门、司法行政部门超越定价权限,擅自制定、调整律师服务收费标准的,由上级价格主管部门或者同级人民政府责令改正;情节严重的,提请有关部门对责任人予以处分。

2. 律师的勤勉尽责义务

《律师执业行为规范》规定,律师应当诚实守信、勤勉尽责,依据事实和法律,维护当事人合法权益,维护法律正确实施,维护社会公平和正义。

律师的勤勉尽责义务要求律师在履行职责的时候必须以尽职尽责的态度来实施行为,为当事人的合法权益勤勉付出,能以自己的专业知识与技能,像处理个人事务一样认真和尽力地为当事人处理委托事务。这是律师在执业过程中最重要也是最首要的义务,这体现了律师的良好职业操守。因为只有通过这样的方式才能最大限度地保证当事人的合法权益获得保障,使得律师价值得以体现,从而保障法律制度的良好运作。同时,要求律师尽到勤勉义务也是其本身职业性质的要求,作为诉讼案件的诉讼代理人与非诉讼案件中具有专业法律知识的业务执业人员,如果其不能将该事务当作自己的个人事务进行处理,那么很可能会因为其过失或一时疏于谨慎而导致当事人的切身利益遭受损失,这一点是违背其职业基本职责与效能的。

勤勉尽责要求律师对委托人或当事人要忠诚。律师要本着公平、真诚与恪守信用的精神为当事人提供法律服务,并贯穿于提供服务的全过程。律师在代表委托人的利益处理法律事务时,必须采取一切合法的、合乎道德的方法维护委托人的合法权益,必须尽最大的努力、最高的效率、最谨慎最认真的态度为当事人的利益工作,使每一项法律事务都能得到完美的处理,使当事人的利益得到全面的维护。

律师无论是接受委托来充当辩护人,还是接受指派充当法律援助律师,都负有忠诚于当事人利益的职业伦理。这种"忠诚义务"应被视为辩护律师的"第一职业伦理"。我国《律师法》和《刑事诉讼法》也要求辩护律师根据事实和法律,提出有利于犯罪嫌疑人、被告人的意见,维护其诉讼权利与合法利益,这意味着我国法律有条件地确立了辩护律师的忠诚义务。所谓忠诚义务,是指辩护律师应将维护犯罪嫌疑人、被告人的利益作为辩护的目标,尽一切可能选择有利于实现这一目标的辩护手段和辩护方法。在刑事辩护实践中,辩护律师无论是做出无罪辩护、罪轻辩护、量刑辩护,还是做出程序性辩护,都是出于维护犯罪嫌疑人、被告人利益的考虑,追求对其有利的诉讼结局。不仅如此,律师在审判前阶段无论是向侦查人员、审查批捕检察官、审查起诉检察官发表辩护意见,还是进行诸如会见、阅卷、调查、庭前会议等各种庭前准备活动,也都是为了实现犯罪嫌疑人、被告人利益的最大化所进行的辩护活动。律师的忠诚义务,应该是律师职业道德的生命线。

律师的忠诚义务有两个层面的含义:一是积极的尊重意志义务,即保障委托人的知情权,就辩护观点进行协商和讨论,对于委托人不妥当的观点,则要进行提醒和说服;二是消极的尊重意志义务,即不故意与委托人发生观点和主张的分歧和对立,不造成辩护观点的冲突和抵消。消极的维护权益义务是一种最低限度的忠诚义务,也就是要求律师不出卖、不损害、不危及委托人的利益,不从事不利于委托人的任何行为。应当说,律师作为犯罪嫌疑人、被告人的诉讼代理人,如果不能从事有效的辩护工作,足以造成对后者利益的损害。假如辩护律师从事损害委托人利益的行为,就会使委托人雪上加霜,这种双重危险令犯罪嫌疑人、被告人的权益难以得到有效的维护。正是为了避免犯罪嫌疑人、被告人陷入如此危险的境地,才要求律师承担这种消极意义上的忠诚义务。

3. 律师的诚实守信义务

《律师执业行为规范》规定,律师应为当事人提供法律帮助,恪守诚实信用的道德规范。总的来说,律师的诚实守信应该包括以下几个方面的内容。

(1) 忠于法律,维护正义。律师作为社会主义国家的法律工作者,最大的诚信首先就是要忠于宪法和法律,树立法律至上的崇高信念,一切以事实为根据,以法律为准绳,在查明、掌握事实真相的基础上,正确地理解、准确地适用法律。律师要坚持依法独立执业的原则,抵制和排除非法干预,忠实维护国家法律与社会正义。

(2) 诚实守信,勤勉尽责。诚实守信,是律师职业道德的基本准则,也是律师诚信的本质要求。当前,中国正在努力推进律师诚信制度建设,其中最重要的就是完善以下四项诚信保障制度:一是委托代理制度;二是律师事务所执业利益冲突审查制度;三是律师服务质量跟踪反馈制度;四是责任赔偿和保险制度。通过律师诚信制度的建立,改变律师队伍中存在的对当事人委托事项玩忽懈怠、漫天要价甚至收费不办事的严重问题,并通过加强律师诚信的道德约束,改变律师在办理委托法律事务中,严重损害当事人利益的不良现象,以强化律师行业的社会信用。勤勉尽责,则要求律师勤勉服务,履行相应的义务。

(3) 尊重同行,公平竞争。律师不仅对当事人要讲诚信,对同行也要讲诚信。律师具有共同的理想和事业,肩负着同样的职责和使命,因此,律师之间应相互尊重,不得故意怠慢、诽谤同行,不得故意抬高自己和标榜自己,贬损和诋毁其他律师,不得用不正当的手段损害其他律师的威望和名誉,更不得对其他律师的依法执业进行干涉和轻视。尊重同行还要与公平竞争有机结合起来,律师之间应比服务效率、比服务质量、比服务态度、比社会信誉,而不是互相拆台、搞关系、挖业务,要坚决反对贬低别人、抬高自己、损人利己、弄虚作假的不正当竞争,倡导诚信制度下的公平、合理的竞争机制。

(4) 保守职务秘密。由于律师职业本身的特殊性,加上法律赋予律师的权利,使得律师在执业过程中接触到当事人秘密的可能性很大,涉及秘密的范围也很广泛,任何将当事人秘密泄露出去的行为都极有可能使当事人遭受重大的物质和精神损失,因此根据律师诚信制度与职业道德的要求,律师应严格保守职务秘密。保守职务秘密要求律师对在执业过程中所获悉的秘密事项,无论来源如何,均对此承担保密的义务,未经委托人许可,不得以任何理由向任何人泄露。如果律师不能保守当事人的秘密,当事人对律师的信任就会遭到破坏,律师与当事人之间委托关系的基础就不复存在,更没有人愿意再委托律师。

4. 律师的保密义务

(1) 律师保密义务的基本内容

一是保密义务的主体。保密义务的主体不仅包括律师、律师事务所,还包括委托律师以外的律师事务所的其他律师和工作人员。在实践中,很多律师事务所的管理模式是集中律师事务所内的业务律师集体讨论案件,或者借阅卷宗以作办案参考,这种工作模式下,所有参与讨论案件的律师都应当对案件和委托人的信息负有保密义务。此外,实践中律师事务所大量使用律师助理、法律实习生协助办理案件,因此,这类人员也应当成为保密义务的主体。

二是保密义务的客体。我国《律师法》规定,律师在执业活动中,除了保守知悉的国家秘密、商业秘密和当事人的隐私外,对委托人和其他人不愿泄露的有关情况和信息,也应当予以保密。但是,委托人或者其他人准备或者正在实施危害国家安全、公共安全以及严重危害他人人身安全的犯罪事实和信息除外。

三是保密义务的期限。在我国,律师职业伦理规范中并未对律师保密义务的期限进行明确的规定,但理论上一般认为,律师保密义务不受时间的限制,对于潜在委托人的信息以及前委托人的信息,律师均负有保密义务。

(2) 律师保密义务的例外

虽然律师保密义务的重要性不言而喻,但是也不可以将其绝对化,有时,这一义务的解除和遵守一样具有很大的价值。在满足一定条件的情况下,律师是可以突破保密义务的。我国《律师法》第三十八条第二款的但书规定,予以保密的情况中,委托人或者其他人准备或者正在实施危害国家安全、公共安全以及严重危害他人人身安全的犯罪事实和信息除外。可以将这一例外概括为防止未来严重犯罪,这一例外具有两个特点。

一是将来可能发生的危险。对于委托人或者其他人已经实施的犯罪,律师应当予以保密,只有为了防止将来可能发生的危险时,律师才得以免除保密义务,积极向司法机关举报控告。

二是具有严重性的危险。所谓"严重性",即委托人或者其他人准备或者正在实施危害国家安全、公共安全以及严重危害他人人身安全的犯罪事实和信息。损害的法益必须是国家安全或公共安全,或严重的人身安全。如果仅仅是准备实施轻微不法行为或实施危害财产安全的行为,律师仍然应该恪守保密义务。之所以要求这种危险的严重性,是在立法目的之间进行价值权衡的结果,如果一般危险都要予以披露的话,则显然忽略了保密义务的社会价值。

此外,在实践中,除了上述例外情形外,律师为了维护自身合法权益也属于例外情形。在纪律惩戒程序和刑事追诉程序中,律师可以援引与委托人的交流信息为自己进行辩护或抗辩。如果不允许设置保密义务的例外,则律师无法为自己提供有效的辩护。

(3)《刑事诉讼法》中规定的律师保密义务

《刑事诉讼法》规定,辩护律师对执业活动中知悉的委托人的有关情况和信息应当予以保密。但是,辩护律师在执业活动中知悉委托人或者其他人准备或者正在实施危害国家安全、公共安全以及严重危害他人人身安全的犯罪的,应当及时告知司法机关。

律师与当事人及其近亲属之间的交流内容,推定为对方不愿泄露的信息,律师应予保密。一般情况下,律师的保密义务应当及于辩护终结之后,但当事人及其近亲属主动公开后,律师对该信息不再负有保密义务。同时,律师应采取合理的措施,保证掌握的案件证据或有关材料不被盗窃、非法复制或者下载。

(4) 国外对律师保密义务的规定

在英美等国的证据法上,律师的保密义务通过赋予律师-委托人特免权而得到保障。律师-委托人特免权要求,对于委托人和律师之间交流的秘密,律师不得提供证据,委托人有权拒绝律师披露,以及阻止他人披露其与律师之间为获得提供法律咨询或帮助而进行的秘密交流。同时,律师作证的内容有严格的限定,只有严重危害国家安全、欺诈或者准备策划犯罪时才可以披露。

美国对于律师保密义务规定在《职业行为示范规则》中,其中1.6(a)款规定了律师对信息的保密义务,除了委托人做出了明确同意、为了执行代理对信息的披露已经得到默示授权或者披露(b)款所明确规定的例外等情况下,律师不得披露与代理委托人有关的信息,这一条款排除了在委托人的明示或暗示的同意下的律师保密义务。而1.6(b)款明确规定了律师保密义务的几种例外,主要包括以下几种情形:为了防止合理确定的死亡或重大身体伤害;阻止严重犯罪的需要;律师基于"自卫"的需要;为了律师就遵守本规则而获得法律建议;为了遵守其他法律或者法庭命令。2012年美国律师协会对《职业行为示范规则》进行了修订,在1.6(b)款中增加了一种例外,即在披露的信息不会侵害律师-委托人特免权或委托代理人的其他特免权的情况下,为了检测和解决由于更换律师、律师事务所人员及所有权变动所引起的利益冲突,允许律师在需要的范围内披露信息。其2012年的修订还增加了1.6(c)款内容,即律师应该通过合理的方式防止不经意或在未经委托人授权的情况下,泄露与代理委托人有关的信息。美国律师协会将泄露当事人秘密定位为违法行为,并根据具体情况可能给予取消律师资格、暂停执业等不同程度的惩戒。

在日本,《辩护士法》第23条规定,律师或曾为律师之人,有保守其职务上所知秘密之义务,该秘密限于其职务上所得知的秘密。在德国,《联邦律师条例》规定,律师有义务遵守专业保密规定,此职责涉及律师在专业实践中所了解的所有内容。在法国,律师作为律师协会的成员都必须遵守律师协会的纪律,包括保守执业秘密的义务。在英国,律师与当事人关系的各个方面都受证据法原则的保护,即保护律师向当事人提供的咨询意见,以及当事人告诉律师的有关情况不被作为证据使用。在意大利,《律师和检察官法》规定,律师和检察官不得被要求在任何类型的审判中交代他们因职务原因而被告知或了解的情况,没有正当理由泄露执业秘密属于违法行为,造成损害的,可能承担刑事责任。此外,联合国《关于律师作用的基本原则》也规定,各国政府应确认和尊重律师及其委托人之间在其专业关系内的所有联系和磋商均属保密性。

综上所述,律师保密义务是律师职业行为规则意义上的一项义务。支撑保密义务的基础既有律师法上律师对委托人秘密的保护义务,又有律师忠实于委托人,在合法合理的基础上为委托人利益最大化而努力的职业道德要求。

5. 利益冲突的解决规范

(1) 利益冲突的含义

利益冲突是指律师与当前的客户客观上存在潜在的相反利益取向,这种潜在的相反利益取向存在于律师通过各种方式提供法律服务的过程中,即使当前律师采取的法律行动或提供的法律服务从律师的角度确实是最大限度地有利于客户,也并不能消除由于存在潜在的相反利益而造成的这种利益上的冲突和紧张关系。我国《律师执业行为规范》第四十九条规定,律师事务所应当建立利益冲突审查制度,律师事务所在接受委托之前,应当进行利益冲突审查并做出是否接受委托的决定。

(2) 利益冲突的基本类型

一是律师与委托人之间的利益冲突。律师自身的利益可能对委托人产生不利影响,如律师和委托人之间的商业交易、财务资助等都要受到严格的规制。因此,一般来说,委托人不能和律师之间进行商业交易,除非这些条款是公平合理的,相关信息得到了充分的披露,并且委托人在进行了其他独立的法律咨询后给出了书面的知情同意。因为委托人相对于律师是弱势的,缺乏相应的博弈能力,所以要给予特别的保护。但有一些利益冲突,即使是委托人同意也会被绝对禁止,例如,律师为委托人起草遗嘱,使得律师或者律师的亲属对某些遗产获得所有权。之所以这样严格是因为这样的利益冲突即使被委托人同意也有过于滥用的风险。美国律师协会《职业行为示范规则》规定了律师的全面公开义务,即交易和律师获得上述利益的条件,对于委托人而言是公平的、合理的,并且以委托人能够合理理解的书面形式向其全面公开和传达。在交易中,律师的正确做法是以书面形式告知委托人就该交易可以寻求独立的法律顾问,给予委托人寻求该建议的合理机会,通过书面形式明确约定律师在该交易中的作用。

二是现任当事人之间的冲突。这是指一个律师代理利益相反的两个以上的当事人的情况。例如,几个当事人争夺同一财产的所有权,如果律师同时作为这几个当事人的代理人,就构成了同时性利益冲突,律师的忠诚就要分配给不同的委托人。在刑事诉讼中,如果律师担任几名共同被告的辩护人,当这几名被告相互推卸责任的时候,律师的忠诚和保密义务都会面临困境。因此,律师不得在同一案件中为双方当事人担任代理人;同一律师事务所的律师不得担任有利益冲突的双方当事人的代理人;律师不得在同一案件中,同时为委托人及与委托人有利益冲突的第三人进行代理、辩护。

其中,连续性利益冲突,是指律师以前代理的委托人事务与律师目前代理的事务是同一事务,或者有实质性关联的事务,它们之间存在利益冲突的情况。美国律师协会《职业行为示范规则》规定,如果律师以前在某事务中代理过委托人,在同一事务或者实质联系的事务中,他人的利益与该前委托人的利益存在重大冲突,则此后该律师不得在该同一或者与实质联系的事务中代理该他人,除非该前委托人给出了经书面确认的知情同意。也就是说,律师与前委托人的委托关系结束后,还可以代理不利于前委托人的案件。但前提是两个案件不能具有实质联系。这样的规定是合理的,因为律师对于现行委托人的忠实义务和前委托人的忠实义务是不一样的,如果按照现行委托人的标准来永久地保护前委托人,那么法律业务很难进行下去。该规则同时保护了委托人和律师的关系,在委托人和律师的关系结束后,律师对委托人的职责并没有完全结束。例如,根据该规则,律师不能代理新的委托人,使得自己为前委托人起草的合同无效。律师和前委托人的交流中所获得的秘密信息,也不得被用在后一代理中反对前委托人。否则,所有的委托人就会担心自己和律师的秘密交流被滥用,影响到代理的有效性。

规范利益冲突问题的必要性在于保守律师与委托人之间的秘密,保证律师对委托人的忠诚,防止律师侵犯当事人利益,保证司法制度的有效运转。

(3)预防利益冲突的措施

律师事务所应当建立健全利益冲突审查等制度,对律师在执业活动中遵守职业伦理、执业纪律的情况进行监督。具体可以着重采取以下几个方面的措施:一是建立律师的立案申请制度;二是建立专门的业务资料信息库,并开发具有不同权限的即时利益冲突检索系统;三是设置专门的利益冲突查证程序;四是建立完善的档案管理制度;五是完善对转所律师代理案件进行利益冲突审查的制度;六是对一些容易发生利益冲突的关键环节加强审查。

我国《律师执业行为规范》中有关于利益冲突的明确规定。其中,第五十一条规定:"有下列情形之一的,律师及律师事务所不得与当事人建立或维持委托关系:(一)律师在同一案件中为双方当事人担任代理人,或代理与本人或者其近亲属有利益冲突的法律事务的;(二)律师办理诉讼或者非诉讼业务,其近亲属是对方当事人的法定代表人或者代理人的;(三)曾经亲自处理或者审理过某一事项或者案件的行政机关工作人员、审判人员、检察人员、仲裁员,成为律师后又办理该事项或者案件的;(四)同一律师事务所的不同律师同时担任同一刑事案件的被害人的代理人和犯罪嫌疑人、被告人的辩护人,但在该县区域内只有一家律师事务所且事先征得当事人同意的除外;(五)在民事诉讼、行政诉讼、仲裁案件中,同一律师事务所的不同律师同时担任争议双方当事人的代理人,或者本所或其工作人员为一方当事人,本所其他律师担任对方当事人的代理人的;(六)在非诉讼业务中,除各方当事人共同委托外,同一律师事务所的律师同时担任彼此有利害关系的各方当事人的代理人的;(七)在委托关系终止后,同一律师事务所或同一律师在同一案件后续审理或者处理中又接受对方当事人委托的;(八)其他与本条第(一)至第(七)项情形相似,且依据律师执业经验和行业常识能够判断为应当主动回避且不得办理的利益冲突情形。"

《律师执业行为规范》第五十二条规定:"有下列情形之一的,律师应当告知委托人并主动提出回避,但委托人同意其代理或者继续承办的除外:(一)接受民事诉讼、仲裁案件一方当事人的委托,而同所的其他律师是该案件中对方当事人的近亲属的;(二)担任刑事案件犯罪嫌疑人、被告人的辩护人,而同所的其他律师是该案件被害人的近亲属的;(三)同一律师事务所接受正在代理的诉讼案件或者非诉讼业务当事人的对方当事人所委托的其他法律业务的;(四)律师事务所与委托人存在法律服务关系,在某一诉讼或仲裁案件中该委托人未要求该律师事务所律师担任其代理人,而该律师事务所律师担任该委托人对方当事人的代理人的;(五)在委托关系终止后一年内,律师又就同一法律事务接受与原委托人有利害关系的对方当事人的委托的;(六)其他与本条第(一)至第(五)项情况相似,且依据律师执业经验和行业常识能够判断的其他情形。"

律师和律师事务所发现存在上述情形的,应当告知委托人利益冲突的事实和可能产生的后果,由委托人决定是否建立或维持委托关系。委托人决定建立或维持委托关系的,应当签署知情同意书,表明当事人已经知悉存在利益冲突的基本事实和可能产生的法律后果,以及当事人明确同意与律师事务所及律师建立或维持委托关系。委托人知情并签署知情同意书以示豁免的,承办律师在办理案件的过程中应对各自委托人的案件信息予以保密,不得将与案件有关的信息披露给相对人的承办律师。

(二) 律师与法官、检察官之间的职业规范

1. 调查取证的规范

法律赋予律师在调查取证方面更多、更有效保障的同时,也应清楚地认识到,律师与司法机关的关系是制衡而非对抗。律师是提供法律帮助,而不是执行法律。因此,律师始终不可能享有与司法机关同等的权利,作为律师要充分地运用法律赋予的调查取证权利,并遵守相应的规则。具体应遵守以下规则。

(1) 在刑事诉讼中,经本人同意,辩护律师经证人或者其他有关单位或个人同意,可以向他们收集与本案有关的材料,也可以申请人民检察院、人民法院收集、调查证据,或者申请人民法院通知证人出庭作证。辩护律师经人民检察院或者人民法院许可,并且经被害人或者其近亲属、被害人提供的证人同意,可以向他们收集与本案有关的材料。

(2) 律师不得伪造证据,不得威胁、利诱他人提供虚假证据。

(3) 律师不得向司法机关或者仲裁机构提交明知是虚假的证据。

(4) 律师制作调查笔录,应全面、准确地记录调查内容,并须经被调查人核对或者向其宣读。被调查人如有修改、补充,应由其在签字处签字、盖章或者按指纹确认。调查笔录经被调查人核对后,应由其在每一页上签名并在笔录的最后签署记录无误的意见。

此外,律师对在职业活动中知悉的委托人和其他人不愿泄露的有关情况和信息,应当予以保密。但是,委托人或者其他人准备或者正在实施危害国家安全、公共安全以及严重危害他人人身安全的犯罪事实和信息除外。

2. 庭审规范

(1) 律师应尊重法院及司法人员

律师应该尊重法院及司法人员,因为法院及司法人员在一定意义上是公平正义的化身,是法律价值的载体。对法院及司法人员的尊重以及对法院及司法人员威信的维

护,是对法律至上性的尊重,也是对自己职业的尊重。《日本律师联合会章程》要求,无论法庭内外,律师应对法官、检察官和同事遵守礼节,同时不得有公私不分的态度。在英国,2007 年《英格兰及威尔士事务律师行为守则》规定,事务律师不得欺骗或者故意、罔顾后果地误导法院,必须遵守法院的命令,不得藐视法院;事务律师无论是为了追求职业目的还是其他目的,不得有有损于司法的行为,不得有可能贬损公众对法律职业或者司法的信任,或者其他使法律职业陷入污名的行为。《加拿大律师协会律师职业行为准则》(2009 年修订)规定,当以辩护人身份活动时,律师必须对法庭或审裁处保持礼貌和尊重,并且必须以果断、令人尊敬的方式在法律限度内担任委托人的代理人。《欧洲律师行为准则》要求,律师应尊重法官,律师在法庭或审判庭参与案件审理时,必须遵守该法庭或审判庭适用的行为准则,并要求律师在尊重法庭、遵守法律与维护委托人利益之间应达到必要的平衡。

我国《律师执业行为规范》第六十七条规定,在开庭审理过程中,律师应当尊重法庭、仲裁庭。此外,第七十一条、第七十二条还规定,律师担任辩护人、代理人参加法庭、仲裁庭审理,应当按照规定穿着律师出庭服装,佩戴律师出庭徽章,注重律师职业形象,律师在法庭或仲裁庭发言时应当举止庄重、大方,用词文明、得体。

(2) 律师应遵守法庭秩序

律师应遵守法庭秩序,严格遵守出庭时间、提出文书的期限以及其他与履行职务有关的程序规定。

司法公正必须通过诉讼程序予以实现,律师同包括法官在内的其他所有法律职业人员一样,有义务保证诉讼程序的公正运作,而公正运作既包括以人们看得见的方式实现公正,还包括公正的实现是迅速的,正如英国的一句谚语所云"迟到的正义是非正义",因此,各个国家和地区的诉讼都规定了法定的期限,以确保诉讼在一定的时间内完成。

我国《律师执业行为规范》第六十六条规定,律师应当遵守法庭、仲裁庭纪律,遵守出庭时间、举证时限、提交法律文书期限及其他程序性规定。同时,我国《律师和律师事务所违法行为处罚办法》规定,有下列情形之一的,属于《律师法》第四十九条第六项规定的律师"扰乱法庭、仲裁庭秩序,干扰诉讼、仲裁活动的正常进行的"违法行为:在法庭、仲裁庭上发表或者指使、诱导委托人发表扰乱诉讼、仲裁活动正常进行的言论的;阻止委托人或者其他诉讼参与人出庭,致使诉讼、仲裁活动不能正常进行的;煽动、教唆他人扰乱法庭、仲裁庭秩序的;无正当理由,当庭拒绝辩护、代理,拒绝签收司法文书或者拒绝在有关诉讼文书上签署意见的。

(3) 律师的法庭禁止行为

律师不得在法庭上发表危害国家、诽谤他人、扰乱法庭秩序的言论,不得有法律规定的妨碍和干扰诉讼、仲裁或者行政处理活动正常进行的其他行为。

法庭审判是人民法院代表国家行使审判权,依据法定程序,对刑事、民事、行政诉讼案件进行审理和判决的活动。律师作为辩护人、诉讼代理人参与诉讼,依法享有发问权、质证权、发表辩护意见及代理意见的权利。我国《刑事诉讼法》第三十七条规定,辩护人的责任是根据事实和法律,提出犯罪嫌疑人、被告人无罪、罪轻或者减轻、免除其刑事责任的材料和意见,维护犯罪嫌疑人、被告人的诉讼权利和其他合法权益。其第一百九十八条规定,法庭审理过程中,对与定罪、量刑有关的事实、证据都应当进行调查、辩论。经审判长许可,公诉人、当事人和辩护人、诉讼代理人可以对证据和案件情况发表意见并且可以互相辩论。《中华人民共和国民事诉讼法》《中华人民共和国行政诉讼法》也规定了律师在庭审中的权利。《律师法》第三十六条还规定,律师担任诉讼代理人或者辩护人的,其辩论或者辩护的权利依法受到保障。律师在法庭上的辩论与辩护,其目的是履行其作为辩护人、诉讼代理人的职责,同时担负着维护法律正确实施、维护社会公平和正义的使命,律师在法庭上的言论必须限定在合法的范围内。

3. 庭外规范

律师同其他公民一样享有言论自由这一法定权利,有权通过各种语言形式宣传自己的思想和观点,也包括对法院审判案件的有关事项表达自己的看法,向公众发表自己的见解。

律师通过向公众发表自己的见解,宣传自己,提高自己的知名度,当然也是无可厚非的。但当律师作为审判案件当事人的代理人时,其对审判有关言论则有了不同于一般公民的规则和限制。因为律师法庭外言论已不是单纯意义的对审判事项发表自己的见解,该行为已涉及律师的利益、委托人的利益、新闻界的利益和公众的利益。一方面,律师法庭外言论可以从专业角度表达律师对案件的见解,以正视听,促进司法公正;另一方面,如果超过一定的限度,则可能损害委托人的利益,影响司法公正,有损于职业形象。

律师的法庭外言论应遵循以下规则。

第一,律师应在法律的限度内发表法庭外言论。尽管律师享有宪法赋予的言论自由的权利,但作为法庭外的言论自由却是一把双刃剑,其在律师享有宪法权利的同时,既可能维护委托人的合法权益,促进司法审判的公正进行,又可能损害委托人的合法权益,影响司法审判的公正。

在一般情况下,律师应避免法庭外言论。但有的情况下律师的法庭外言论是无法避免的,有时甚至为了委托人的合法权益,律师应该积极地进行法庭外言论。《美国律师执业守则》在限制律师法庭外言论的同时也规定,如果一个普通律师认为,需要保护其委托人免遭最近非因该律师或该律师的委托人对案情的宣传而带来的不适当的实质损害,则律师可以进行有关陈述,但应当限制在必要限度内。

第二,律师的法庭外言论应限定在一定的范围。美国大法官肯尼迪曾说过:"律师的职责并不是在进入法庭之门才开始的。律师可以为委托人的声望采取合理的措施,减少指控的不利影响,包括向法庭说明公众的意见是委托人不值得惩罚。"为了维护委托人的合法权益,维护法律的正确实施,律师法庭外言论涉及的内容应限定在一定的范围。借鉴《美国律师执业守则》,我国律师法庭外言论应遵守以下规则。

(1) 非经委托人授权,不得泄露委托人的个人信息。律师、律师事务所不得披露当事人个人信息、隐私或者其他秘密信息。发表评论、接受采访时不得泄露案件实体部分的事实信息和当事人的个人身份信息。委托专业人士或者机构进行分析论证的,应当进行适当的处理,隐去当事人的身份信息或者其他隐私或秘密信息。

(2) 不得煽动、教唆当事人采取非法集会、游行示威,聚众扰乱公共场所秩序、交通秩序,围堵、冲击国家机关等非法手段表达诉求,妨害国家机关及其工作人员依法履行职责,抗拒执法活动或者判决执行。

(3) 不得发表、散布危害国家安全,恶意诽谤法官、检察官、仲裁员及对方当事人、第三人,严重扰乱法庭秩序的言论。律师或律师事务所不得在承办法律业务期间或之外,对该法律业务的各方当事人、参与人或者相关人进行带有侮辱诽谤性或人身攻击性的评论,或直接进行恐吓、要挟。

(4) 不得对案件进行歪曲、不实、有误导性的宣传。律师在法庭外公开辩护词、代理词或者其他案件资料,或者在非诉讼法律事务的办理程序之外进行公开评论或者发布资料,应当避免造成公众对其他相关人或者事件的误导。

(5) 不得公布未经确认的事实或仅根据委托人提供的事实而进行宣传。律师在发表公开言论时,始终应当保持律师的专业形象和严谨的风格,按照谨慎司法评论的规定严格要求言行,不得对未经确认的事实或者供词进行宣传。

(三) 律师与同行之间的职业规范

1. 业务推广规范

律师业务推广是指律师和律师事务所通过发布法律服务业务信息等方式,扩展业务的活动。律师业务推广是以不特定人为信息发布对象,通过影响他人的思想和行为,从而获得业务。在业务推广过程中应注意以下几项要点。

(1) 律师广告的严谨适当性

《律师执业行为规范》第三十条规定,律师和律师事务所不得以有悖律师使命、有损律师形象的方式制作广告,不得采用一般商业广告的艺术夸张手段制作广告。该规定特别强调了律师的使命和形象,强调了职业精神中公共服务的一面,法律职业固有的尊严和社会性会在不得体的广告形式中大打折扣,例如,不适当的音乐、好斗的口号、炫目古怪的情节等,都不利于建立大众对法律职业的信任。

各地律师协会在律师广告方面有详尽的规定,律师有义务遵守相应的规定,避免在广告中宣传所谓的胜诉率,让当事人对律师事务所所取得的结果产生不合理的期待;不应炫耀与法院等公权力机关有特殊关系,暗示用不正当手段取得有利于当事人的结果等。

(2) 不正当竞争的禁止

律师和律师事务所可以宣传所从事的某一专业法律服务领域,但不得自我声明或者暗示其被公认或者证明为某一专业领域的权威或专家。律师和律师事务所不得进行律师之间或者律师事务所之间的比较宣传。

中华全国律师协会于2018年1月31日正式发布实施《律师业务推广行为规则(试行)》,对律师和律师事务所进行业务推广的行为进行了规制。其中,第八条规定律师、律师事务所业务推广信息中载有荣誉称号的,应当载明该荣誉的授予时间和授予机构。第九条规定律师、律师事务所可以宣传其专业法律服务领域,但不得自我宣称或者暗示其为公认的某一专业领域的专家或者专家单位。第十条明确禁止律师、律师事务所有以下十三种业务推广行为:① 虚假、误导性或者夸大性宣传;② 与登记注册信息不一致;③ 明示或者暗示与司法机关、政府机关、社会团体、中介机构及其工作人员有特殊关系;④ 贬低其他律师事务所或者律师的;或与其他律师事务所、其他律师之间进行比较宣传;⑤ 承诺办案结果;⑥ 宣示胜诉率、赔偿额、标的额等可能使公众对律师、律师事务所产生不合理期望;⑦ 明示或者暗示提供回扣或者其他利益;⑧ 不收费或者减低收费（法律援助案件除外）；⑨ 未经客户许可发布的客户信息；⑩ 与律师职业不相称的文字、图案、图片和视听资料；⑪ 在非履行律师协会任职职责的活动中使用律师协会任职的职务；⑫ 使用中国、中华、全国、外国国家名称等字样，或者未经同意使用国际组织、国家机关、政府组织、行业协会名称；⑬ 法律、法规、规章、行业规范规定的其他禁止性内容。

（3）相关罚则

与律师业务推广相关规则的处罚体现在司法部制定的《律师和律师事务所违法行为处罚办法》中，以不正当手段承揽业务的违法行为，包括以诱导、利诱、威胁或者作虚假承诺等方式承揽业务的，以支付介绍费、给予回扣、许诺提供利益等方式承揽业务的，以对本人及所在律师事务所进行不真实、不适当宣传或者诋毁其他律师、律师事务所声誉等方式承揽业务的，在律师事务所住所以外设立办公室、接待室承揽业务的。对于该违法行为，由司法行政机关给予警告，处五千元以下的罚款；有违法所得的，没收违法所得；情节严重的，给予停止执业三个月以下的处罚。

2. 尊重同行

相互尊重是律师与同行之间相处的最基本要求，律师在一般的日常生活中应当尊重他人，在职业生涯中更要尊重同行。正因为如此，《律师执业行为规范》和《律师职业道德和执业纪律规范》都对律师与同行之间相互尊重进行了规定。

其中，《律师执业行为规范》第七十三条规定，律师与其他律师之间应当相互帮助、相互尊重；第七十四条规定，在庭审或者谈判过程中各方律师应当互相尊重，不得使用挖苦、讽刺或者侮辱性语言；第七十五条规定，律师或律师事务所不得在公众场合及媒体上发表贬低、诋毁、损害同行声誉的言论。《律师职业道德和执业纪律规范》第四十二条规定，律师应当尊重同行，相互学习，相互帮助，共同提高执业水平，不应诋毁、损害其他律师的威信和声誉。

据此，律师在尊重同行方面应当注意以下要点。

一是维持与同行之间的日常关系融洽。律师职业与许多职业不同，是处理社会关系的职业，既要和委托人打交道，也要和同行打交道。同行之间的相互尊重可以形成良好的社会氛围，共同提升职业形象。

二是在庭审或者谈判过程中应当尊重对方律师，不使用挖苦、讽刺或者侮辱性的语言。一般而言，由于当事人之间的诉讼利益相互对立，双方律师之间总是具有一定的竞争关系或者冲突关系，但律师即便以自己的委托人为中心与对方律师进行角力，也应保持理性和平和。所谓理性,就是尊重对方的诉求,正视对方的诉求,在法庭上自觉地与对方律师共同推进诉讼程序,根据事实和法律维护己方当事人的合法权益。所谓平和,就是在言辞和行为方面保持克制,不使用过激的言辞和行为,不嘲笑、不嘲弄对方律师,不挖苦、不讽刺、不侮辱对方律师,更不能用利益冲突而施以人身攻击。

三是不在公共场合及传媒上发表贬低、诋毁、损害同行声誉的言论。贬低、诋毁、损害同行声誉是律师同行关系的大忌,不但会损害其他律师的声誉,而且会严重损害律师职业的整体形象。其实,在客户面前诋毁律师同行,受损害的也会是该律师自己。委托人也会听其言、观其行,不会因为几句话就会对其他同行产生怀疑。如果一个律师肆意贬低、诋毁、损害同行声誉,委托人怀疑的恰恰是这个律师本人,一旦委托人因此对律师的人品产生怀疑,自然不会委托业务。

3. 公平竞争

公平竞争是律师与同行之间相处的基本要求,对此,《律师职业道德和执业纪律规范》和《律师执业行为规范》同样有所规定。

《律师职业道德和执业纪律规范》规定,律师与同行之间的竞争应当遵守以下规范。一是遵守行业竞争规范,公平竞争,自觉维护执业秩序,维护律师行业的荣誉和社会形象。律师应当尊重同行,相互学习,相互帮助,共同提高执业水平,不应诋毁、损害其他律师的威信和声誉。二是不得采用不正当手段进行业务竞争,损害其他律师的声誉或者其他合法权益,主要包括以下方面。① 不得以贬低同行的专业能力和水平等方式,招揽业务。律师不应吹嘘自己、贬低别人,故意向委托人夸大自己在某一法律服务领域的业务能力,同时捏造或宣扬其他律师的缺点或失误,以达到招揽的目的。② 不得以提供或承诺提供回扣等方式承揽业务。其中最为典型的就是用支付案件介绍费的形式获得案源,即律师为获得特定案件的代理机会而向为其介绍案源的第三人支付或者许诺支付一定比例的金钱。③ 不得利用新闻媒介或其他手段向其提供虚假信息或夸大自己的专业能力。律师不应故意发布不当的业务推介广告,擅自或者非法使用社会专有名称或者知名度较高的名称以及代表其名称的标志以混淆误导委托人,变造已获得的荣誉称号用于广告宣传。④ 不得在名片上印有各种学术、学历、非律师业职称、社会职务以及所获荣誉等。⑤ 不得以明显低于同业的收费水平竞争某项法律事务。无正当理由,律师不应以低于同地区同行业的收费标准为条件,而达到争揽业务的目的。

《律师执业行为规范》规定,律师与同行之间的竞争应遵守以下规范。一是在与司法机关及司法人员接触中,不得采用利用律师兼有的其他身份影响所承办业务正常处理和审理的手段进行业务竞争。律师不得通过与某机关、某部门、某行业对某一类的法律服务事务进行垄断的方式争揽业务；不得限定委托人接受其指定的律师或者律师事务所提供法律服务，限制其他律师或律师事务所正当的业务竞争。二是不得伪造或者冒用法律服务荣誉称号。使用已获得的律师法律服务荣誉称号的，应当注明获得时间和期限。律师不得变造已获得的荣誉称号用于广告宣传。律师和律师事务所不得擅自或者非法使用社会专有名称或者知名度较高的名称以及代表其名称的标志、图形文字、代号以混淆误导委托人。本规范所称的社会特有名称和知名度较高的名称包括：有关政党、司法机关、行政机关、行业协会名称；具有较高社会知名度的高等法学院校或者科研机构的名称；为社会公众共知、具有较高知名度的非律师公众人物名称；知名律师以及律师事务所名称。

如果有下列情形之一的，则属于律师执业不正当竞争行为：诋毁、诽谤其他律师或者律师事务所信誉、声誉；无正当理由，以低于同地区同行业收费标准为条件争揽业务，或者采用承诺给予客户、中介人、推荐人回扣、馈赠金钱、财物或者其他利益等方式争揽业务；故意在委托人与其代理律师之间制造纠纷；向委托人明示或者暗示自己或者其属的律师事务所与司法机关、政府机关、社会团体及其工作人员具有特殊关系；就法律服务结果或者诉讼结果作出虚假承诺；明示或者暗示可以帮助委托人达到不正当目的，或者以不正当的方式、手段达到委托人的目的。

4. 同业互助

同业互助对于培养律师与律师之间的职业认同感，避免律师之间的不正当竞争具有非常重要的意义。对此，《律师职业道德和执业纪律规范》和《律师执业行为规范》都规定，律师和其他律师之间应当相互帮助。

律师之间的相互帮助包括律师之间在业务上相互切磋、相互研讨、相互支持以及相互介绍案源。然而，多年以来，相互介绍业务受到了很多诟病，大多数律师从业者羞于谈论这个话题。主要原因一是将其视为不正当竞争，二是"同行相轻"的心态在作祟。其实律师相互介绍案源的前提和动因是专业化分工和资源整合、优势互补的结果，是由法律服务市场内在经济规律所决定的，是律师行业走向成熟的必然选择。如果律师相互介绍案源被普遍化、常态化和机制化，那么就能使案件资源得到合理的配置，同时也使律师行业的人力资源得到整合和充分利用，避免了资源的浪费，分工协作、资源整合、优势互补的结果必然会从整体上提高办案效率和服务质量，使资源得到最充分合理的利用，降低办案成本，从而实现效益的最大化。这样做的另一个结果，就是使客户得到优质高效的法律服务,让客户感到其利益得到了最合理、最负责的维护,从而提高了客户满意度和信任度,也必然能够提升律师行业的社会声誉。

(四)律师与律师事务所、律师协会之间的职业规范

1. 律师事务所的职责

律师服务机构即律师事务所,是律师向社会提供法律服务的专门机构。《律师事务所管理办法》规定,律师事务所是律师的执业机构。律师事务所应当依法设立并取得执业许可证。律师事务所应当依法开展业务活动,加强内部管理和对律师执业行为的监督,并依法承担相应的法律责任。任何组织和个人不得非法干预律师事务所的业务活动,不得侵害律师事务所的合法权益。律师事务所受司法行政机关的监督、指导,实行行业自律。

《律师法》规定律师承办业务,由律师事务所统一接受委托,与委托人签订书面合同,按照国家规定统一收取费用并如实入账。律师事务所和律师有依法纳税的义务。律师事务所不得从事法律服务以外的经营活动。律师事务所和律师不得以诋毁其他律师事务所、律师或者支付介绍费等不当手段承揽业务。

律师事务所负责建立健全执业管理和其他各项内部管理制度,规范本所律师执业行为,履行监管职责,对本所律师遵守法律、法规、规章及行业规范,遵守职业道德和执业纪律的情况进行监督,发现问题及时予以纠正;建立违规律师辞退和除名制度,对违法违规执业、违反本所章程及管理制度或者年度考核不称职的律师,可以将其辞退或者经合伙人会议通过将其除名,有关处理结果报所在地县级司法行政机关和律师协会备案。同时,律师事务所依法履行法律援助义务,及时安排本所律师承办法律援助案件,为办理法律援助案件提供条件和便利,无正当理由不得拒绝接受法律援助机构指派的法律援助案件。

如果因律师违法执业或者过错给当事人造成损失的,由其所在的律师事务所承担赔偿责任。律师事务所赔偿后,可以向有故意或者重大过失行为的律师追偿。

2. 律师协会的职责

律师协会是社会团体法人,是律师的自律性组织。全国设立中华全国律师协会,省、自治区、直辖市设立地方律师协会,设区的市根据需要可以设立地方律师协会。律师、律师事务所应当加入所在地的地方律师协会,加入地方律师协会的律师、律师事务所,同时也是中华全国律师协会的会员。《律师法》第四十六条规定了律师协会应当履

行的八种职责。

一是保障律师依法执业,维护律师的合法权益。律师协会应当坚持在个案中将维护律师执业权利和维护律师行业整体权益相结合,切实改善律师执业环境;充分履行维护律师执业权利的法定职责,依法、规范、及时、有效地开展维护律师合法权益的工作;健全完善维护律师执业权利工作制度,完善工作机制,规范工作流程,畅通维护律师执业权利渠道,形成维护律师执业权利的工作体系。

二是总结、交流律师工作经验。律师协会应当定期为律师提供相互交流学习的机会,使其互相取长补短,更好地总结工作经验,对下阶段的工作计划进行规划,努力共同促进一定区域范围内律师行业健康长足的发展。

三是制定行业规范和惩戒规则。对律师的违规行为进行惩戒不仅仅是律师执业组织的一项权力,还是律师执业组织的一项义务。维护律师的独立自主,必须集合律师团体的力量来运作,这是律师自治自律的依据。由律师执业组织对律师违规行为进行惩戒是一种有效的保护社会公众的方式,从维护司法正义的角度来看,由律师执业组织对律师的违规行为进行惩戒具有必要性。

四是组织律师业务培训和职业道德、执业纪律教育,对律师的执业活动进行考核。律师协会应当规范律师执业行为,整肃律师行业行风,促进律师行业自律。律师协会应当端正律师的执业思想和执业理念,提高职业道德水平,严明执业纪律,进一步加大律师执业监督力度,加强对律师执业行为的监督和管理,健全和完善律师违法违规执业惩戒制度,从而建设"政治坚定、法律精通、维护正义、恪守诚信"的律师队伍,保证律师事业的健康发展。

五是组织管理申请律师执业人员的实习活动,对实习人员进行考核。律师协会负责组织管理申请律师执业人员的实习活动,指导律师事务所做好实习人员的教育、训练和管理工作,严格实施实习考核标准和考核程序,确保实习质量。

六是对律师、律师事务所实施奖励和惩戒。律师协会有权视情节分别给予其会员训诫、通报批评、取消会员资格等行业处分。

七是受理对律师的投诉或者举报,调解律师执业活动中发生的纠纷,受理律师的申诉。律师协会要对律师和律师事务所进行监管,受理对律师违纪行为的投诉与举报以及律师关于律师协会的奖惩决定的申诉,妥善处理纠纷,防止矛盾激化,维护律师依法执业的正常秩序。

八是法律、行政法规、规章以及律师协会章程规定的其他职责。律师协会制定的行业规范和惩戒规则,不得与有关法律、行政法规、规章相抵触。

四、附件讨论与参考文件

(一)某省律师向高级人民法院法官张某、王某行贿案

1. 案件简介

2020年12月4日,某省第一中级人民法院公开宣判某省高级人民法院原副院长张某因犯受贿、行政枉法裁判等罪,决定执行有期徒刑十八年,并处罚金人民币400万元。张某非法收受财物共计人民币4375万元。

另王某被控受贿金额为人民币2186万元。某市人民检察院经依法审查查明,上述人民币2186万元系2014年以来,王某利用担任某省高级人民法院民事审判第一庭副庭长、审判长、案件承办人、合议庭成员的职务便利,在案件审理过程中为请托人谋取利益。

但起诉书显示,向王某行贿的16人中,至少有11人是律师。行贿最多的律师共行贿人民币649万元,王某仅在其中一个案子就收受人民币400万元。张某案中也有类似情况,向其行贿的31人中有18人为律师,行贿金额从数十万元至数百万元不等。一时间,律师行贿问题引起社会的广泛关注。

律师是接受委托或者指定,为当事人提供从事诉讼代理或者辩护业务等法律服务的人员,其行贿行为影响尤甚。《律师法》规定,律师在执业活动中不得有八类行为,其中包括不得"向法官、检察官、仲裁员以及其他有关工作人员行贿,介绍贿赂或者指使、诱导当事人行贿"。律师群体不是查处行贿犯罪的禁区,相反,律师向法官行贿,对司法公正的损害尤为严重,更应当依法予以惩治。

根据《刑法》,在经济往来中,违反国家规定,给予国家工作人员以财物,数额较大的,或者违反国家规定,给予国家工作人员以各种名义的回扣、手续费的,以行贿论处,处五年以下有期徒刑或者拘役,并处罚金;因行贿谋取不正当利益,情节严重的,或者使国家利益遭受重大损失的,处五年以上十年以下有期徒刑,并处罚金;情节特别严重的,或者使国家利益遭受特别重大损失的,处十年以上有期徒刑或者无期徒刑,并处罚金或者没收财产。

2. 案件分析

律师行贿,严重违反律师职业规范。结合实际情况分析,有以下八类典型案例。

(1) 行贿罪

某市律师协会因律师张某向法官行贿,给予其中止会员权利九个月的处分。

2019年10月12日,某市律师协会接到该市律师事务所律师张某提交的情况说明和自我检讨书,反映其向法官行贿的违规行为。经该市律师协会调查认定,律师张某为感谢法官在执行案件中提供的帮助,确有向其行贿人民币2万元的行为。鉴于律师张某事发后如实交代其向法官行贿的经过,积极配合办案人员调查,主动反映情况,态度较为诚恳。2020年3月30日,该市律师协会给予律师张某中止会员权利九个月的行业纪律处分。

(2) 受贿罪

某市某律师事务所的律师元某,被该市律师协会给予公开谴责的行业处分。

经查,律师元某在代理田某、张某与宫某、祝某房屋买卖合同纠纷一案期间,存在假借法官名义向当事人索要财物的行为,违反了中华全国律师协会《律师协会会员违规行为处分规则(试行)》第二十八条的规定。该市律师协会于2019年10月21日给予律师元某公开谴责的行业处分。

(3) 私自接受委托并收费

某市律师协会因律师达某同时在律师事务所和其他法律服务机构执业、私自接受委托,给予其中止会员权利六个月的处分。

2018年8月1日,某省司法厅向某市司法局反映,该市某律师事务所律师达某涉嫌违法违规执业。经该市律师协会调查认定,律师达某在执业期间,接受某法律服务公司聘请,并从该公司按月领取工资,名义上担任该公司企业法律顾问,实为该公司雇员,构成同时在律师事务所和其他法律服务机构执业的违规行为。此外,律师达某在为覃某等四人提供法律服务时,未以律师事务所名义统一接受委托、签订委托代理协议,存在私自接受委托的违规行为。2019年6月20日,该市律师协会给予律师达某中止会员权利六个月的行业纪律处分。

(4) 违规收费

某市某律师事务所律师王某,被该市律师协会给予中止会员权利三个月的行业处分。

经查,律师王某在接受委托代理的过程中,违反了中华全国律师协会《律师协会会员违规行为处分规则(试行)》第二十七条第一款第(一)、(二)、(五)项的规定,构成违规收案、收费。该市律师协会于2019年12月10日给予律师王某中止会员权利三个月的行业处分。

(5)违规会见

某市律师协会因律师蒋某违规会见,给予其中止会员权利六个月的处分。

2019年12月20日,某市律师协会接到该市司法局转办函,反映某律师事务所律师蒋某违规执业。经该市律师协会调查认定,律师蒋某确有违反监管场所规定,将通信工具提供给在押人员使用的行为。2020年4月29日,该市律师协会给予律师蒋某中止会员权利六个月的行业纪律处分。

(6)违规收案收费

某市律师协会因律师沈某违规收案收费,给予其中止会员权利四个月的行业处分。

2020年4月24日,某市司法局因某律师事务所律师沈某不按规定统一接受委托、私自向委托人收取费用,给予其停止执业四个月的行政处罚。2020年4月28日,该市律师协会给予沈某律师中止会员权利四个月的行业纪律处分。

(7)非律师身份从事法律服务

某市律师协会律师蔡某在执业期间以非律师身份从事法律服务,给予其中止会员权利六个月的处分。

2018年12月13日,某市律师协会接到投诉,反映某律师事务所律师蔡某以非律师名义代理案件。经该市律师协会调查认定,律师蔡某于2017年4月至2018年11月在某律师事务所执业期间,以某公司员工名义代理公司参加诉讼活动,构成以非律师身份从事法律服务的行为。2019年6月5日,该市律师协会给予律师蔡某中止会员权利六个月的行业纪律处分。

(8)非法泄漏信息

某市律师协会因律师胡某向犯罪嫌疑人亲友提供案卷材料,造成案件信息泄露,给予其中止会员权利三个月的处分。

2019年2月19日,某市律师协会接到该市司法局的移送材料,反映某律师事务所律师胡某存在将参与刑事诉讼获取的案卷材料向犯罪嫌疑人亲友提供、造成案件信息泄露的违规行为。经该市律师协会调查认定,律师胡某在代理一起案件过程中,分别于2018年9月、11月底将取得的起诉意见书中认定的犯罪事实部分、起诉书由犯罪嫌疑人家属胡某拍照保存,后胡某将上述材料发送给他人,造成该案件信息泄露。2019年8月19日,该市律师协会给予律师胡某中止会员权利三个月的行业纪律处分。

(二) 参考文件

1.《中华人民共和国律师法》(2017年修订)

2.《中华全国律师协会律师执业行为规范》(2017 年修订)

3.《律师职业道德基本准则》(2014 年)

4.《律师事务所管理办法》(2018 年修订)

5.《律师办理刑事案件规范》

6.《律师执业管理办法》

7.《律师和律师事务所违法行为处罚办法》(2010 年)

8.《关于依法保障律师执业权利的规定》

第八章　司法行政人员职业伦理

本章我们要讨论的问题:

1. 你认为从影片《肖申克的救赎》的角度,可以提出什么关于司法行政人员职业伦理的问题?
2. 司法行政人员的职业定位是什么?
3. 什么是当代中国司法行政人员的职业伦理,你如何评价?
4. 你如何认识当代中国司法行政人员的职业履职规范?
5. 如何分析不同职业的司法行政人员履职规范的特点?

一、影片《肖申克的救赎》的故事梗概及其讨论

(一) 影片《肖申克的救赎》的故事梗概

1947年,银行家安迪被指控枪杀了妻子及其情人,被判处无期徒刑,监禁于肖申克监狱。在狱中,安迪认识了许多狱友,首先是狱友中的权威人物——瑞德。瑞德因谋杀罪被判无期徒刑,数次申请假释,在假释的考察中他总是态度诚恳,但次次都被驳回,最终瑞德放弃了假释的申请。瑞德是个很有头脑的人,能弄到许多监狱里的违禁品与其他服刑人员交易,但最终也成了监狱体制化中的一分子。其次是被监狱体制化的老好人——老布。老布有着50多年的牢狱生活,是一名几乎在监狱中生活了一辈子的囚犯,完全适应了监狱的体制化生活。在假释出狱的当天,一向遵守狱规的老布,却用刀架在狱友的脖子上,以期获得继续待在监狱的"权利"。最终,在出狱后,老布选择了自杀。

为了让监狱这个一切按部就班的"体制"中的人们获得"自由",安迪付出了许多努力,但当他知道谁是自己案件中的真凶,并向监狱长提出要求重新审理此案时,却遭到了拒绝,并受到了单独禁闭两个月的惩罚,而知情人汤米也被监狱长杀害。这让安迪认清了监狱长的真面目,也放弃了重审的希望。在一个风雨交加、雷声大作的夜晚,安迪越狱成功,并告发了监狱长贪污受贿的真相。

(二)对影片中涉及的人物及司法行政人员职业伦理进行的讨论

1. 围绕人物角色的讨论

同学们发表了各自不同的观点,请问你支持哪种观点,并说明理由。

(1)安迪为何入狱?

同学 A:案发当晚安迪在回家的时候撞见了妻子偷情,两人发生了激烈的争吵,妻子提出离婚,但安迪不同意。根据邻居的证词,安迪说过要杀了妻子,从这点上看他具有充分的杀人动机。并且,安迪于当夜醉酒后携带枪支来到情夫所在处等待,遗留在现场的物证指向安迪案发时在现场。因此安迪被指控杀害他的妻子和妻子的情夫,构成谋杀,被法庭判决为终身监禁。

同学 B:虽然安迪提出在案发前他已将枪支丢弃至湖中,但警方经过三天的打捞都未能寻得枪支,而根据已有的证据,安迪是真凶的概率已经达到排除合理怀疑的程度,因此他被判入狱。

同学 C:按照现有司法体制的证据规则,安迪无罪的证据不充分,无法排除其作案的嫌疑。

同学 D:因为司法体制存在问题,导致在安迪证据不足、事实不清的情况下被判入狱。

(2)安迪为何越狱?

同学 A:安迪一直都知道自己是被冤枉的,但是当年审判的时候,对于用来指控他的那些证据,他没有辩解成功。听过汤米的讲述,他认为这可以成为他翻案的有力证据,然而面对监狱长的强权压制,安迪明白要想通过正当途径离开监狱是没有希望的,必须另寻他法,所以他选择了越狱。

同学 B:安迪原本已经适应了监狱,日复一日、按部就班的生活磨灭了他对外界的向往,但是当他看见囚犯老布因为无法融入外界生活而自杀,以及汤米被监狱长杀害后,他不想再像这样行尸走肉般生活,再次燃起对自由的渴望,向命运抗争。

同学 C：从安迪第一次向监狱长提起为他合理避税，报酬是几瓶啤酒的时候，就可以看出安迪拥有一个自由的灵魂，监狱困住的是他的身体，困不住他的思想。并且他坚持写信给州长，在监狱建立图书馆，通过自己的力量，给身边的人带来积极的影响。当安迪确定自己没有杀人，被关在监狱是一个错误的决定，监狱不能还给他清白时，他决定以自己的力量来寻求解脱。他凭借当年对石材的兴趣，用十几年的时间挖通一条自由的通道，奔向自由的方向。

同学 D：他明白想让监狱长来给他翻供是不可能的了，他对监狱的管理和司法体制已经绝望了，必须自己寻找出路。

(3) 安迪为何等待八年才越狱？

同学 A：通过安迪和瑞德的对话，安迪说"我的错已经偿清"，他认为由于自己对妻子的忽视，导致妻子婚外情，使得妻子与她的情人被杀，自己被关进监狱，是对自己的一种惩罚。这是一种因果，而这段监狱生活已经足够他还清这些。

同学 B：安迪选择一个方向向外挖，但是外面的情况是什么他并不了解，需要花时间摸索和确认。

同学 C：当安迪和瑞德谈话时，提到一个词语"体制化"，即被监狱生活洗脑，每天都有人看管，做什么事情都处于他人安排之下，失去在外界独立的能力，就像自杀的老布一样。即使安迪是一个思维冷静清晰的人，对于外面的世界也还是会存在恐惧感。当一个人脱离他长期生活的环境，脱离自己的舒适圈，需要一个心理过程。

同学 D：我赞同 C 同学说的安迪被"体制化"了，但是因为恐惧而等待八年太长了，我觉得不是为了克服恐惧，从他坚持这么多年挖墙来看，安迪是一个坚韧的人，而且他为这些管理人员做假账从没被暴露，又能证明他是一个谨慎细心的人，结合这两点，我认为他是在等待一个合适的机会，曝光监狱长并选择在一个雷雨天气出逃，就可以证明这一点。

(4) 作为监狱管理者的监狱长为何拒绝安迪的申述？

同学 A：安迪长期帮助监狱长做假账，一旦安迪离开，监狱长就很难找到一个能够任由他支配又不会对他产生威胁，并且可以帮他获取非法利益的人。安迪对于监狱长来说已经成为一个不可或缺的人物，失去安迪就等于失去了更多的不法利益，因此监狱长不会让安迪离开。

同学 B：安迪作为一名囚犯，他的言行举止都在监狱长的监控之下，一旦安迪申述成功，沉冤昭雪，他将再次成为自由人。那么，帮助监狱长做假账的他，就是对监狱长的一种威胁,而且安迪当时对监狱长说"他绝对不会告诉别人曾经为监狱长做过假账",监狱长认为这是安迪对他的威胁,以他的性格不允许曾经任由自己掌控的人来挑战他,他既恐慌又愤怒,当即拒绝安迪的申述,并对他加以惩罚。

同学C:很明显,监狱长在监狱环境中拥有充分的权力,如果安迪申述失败,就可以把安迪始终置在他的控制之下,限制他的人身自由,既可以享受他带来的利益,又不用担心他脱离自己的掌控。

小结:由此可见,迫使安迪越狱的原因在于以监狱长为首的监狱管理人员滥用职权及其迫害行为,使安迪失去了对司法人员的信任、对司法体制的希望以及对法律的信仰,从而采取了私力救济和对抗的方式。

2. 就司法行政人员职业伦理进行的讨论

(1)为何需要监狱的存在?监狱的职责定位是什么?

同学A:监狱的存在是对罪犯的惩罚,刑罚是犯罪的后果,应当受到恶的报应,而刑罚则是恶的报应的具体化。对于犯罪分子,只有加大处罚力度,剥夺其人身自由,才能达到惩戒的目的。

同学B:监狱是对罪犯实行惩罚和改造的地方,可以防止其再犯罪,同时警戒、威慑、教育社会上其他可能犯罪的人。刑事立法和刑事司法对犯罪行为持否定性评价,监狱可以使社会一般大众认识到违反刑法将受到刑罚,刑罚越严苛和封闭,则对社会一般人的威慑性越大,预防的效果越好。

同学C:为了维护社会秩序,监狱的产生根源于社会组织职能分工,监狱的职能作用受制于社会政治、形势变化,社会经济和政治的发展是监狱发展演变的决定因素。通过惩罚与教育改造罪犯,可以确立社会法治和社会公平正义标准,维护社会秩序的正常轨迹。

同学D:监狱的目的在于矫正行为与改造罪犯,马克思主义认为,包括人的思想在内,所有的事物都处于不断的运动和变化之中,罪犯的思想也存在着变化的可能,因此也就存在着改造的可能性。虽然刑罚的目的包含一定的报应成分,但这种报应观念不应当带入刑罚执行之中。在刑事立法中,已经明确了对犯罪行为的报应,在刑事司法过程中,也已将此报应具体到特定罪犯的身上,这就已经完成了对罪犯的报应,不必在执行过程中再次强调。《中华人民共和国监狱法》(以下简称《监狱法》)第三条规定,监狱对罪犯实行惩罚和改造相结合、教育和劳动相结合的原则,将罪犯改造成为守法公民;第四条规定,监狱对罪犯应当依法监管,根据改造罪犯的需要,组织罪犯从事生产劳动,对罪犯进行思想教育、文化教育、技术教育。

（2）司法行政机关的作用是什么？

同学 A：司法行政工作点多、线长、面广，担负着维护社会和谐稳定、捍卫社会公平正义、服务经济社会发展、推进区域法治建设的重要职责，不仅直接联系群众、面对群众、服务群众，更在创新社会治理、加强基层建设，以及实现政府治理与社会调节、居民自治良性互动中发挥着不可替代的作用。司法行政机关区别于业务机关，其主要的作用是协调机关各部门，上传下达，联结领导和基层，起到桥梁和纽带的作用。

同学 B：司法行政机关的主要作用是物质保障和后期服务。其主要包括起草综合性文件，并负责文秘、会议组织、新闻宣传、综合信息、司法统计、调查研究的事务工作；负责机关固定资产、行政事务、财务、基建、环境秩序的管理工作；负责警械、车辆、服装等专项物资装备的计划、管理及分配等工作。简言之，司法行政工作主要是以事务服务为主，以政务管理为辅。

同学 C：司法行政机关的主要职责是服务人民，因为来自人民、植根人民、司法为民始终是司法行政机关开展各项工作的根本，要坚持以人民为中心的发展思想，全心全意为人民服务。

同学 D：司法行政机关是法律服务体系中的重要组成部分，基层司法行政队伍包括基层法律服务工作者、社会工作者等，他们直接面向群众、化解矛盾，为社区居民提供法律帮助，使基层群众的法律服务具有获得感，能够满足人民群众对法律服务的各项需求。

（3）司法行政人员的重要性体现在哪里？

同学 A：司法行政机关和司法审判、检察机关等都属于司法共同体的一部分，在工作中需要相互配合，这也使得司法行政人员与法官、检察官、律师的职业要求存在重合的部分，但由于各自岗位的不同，也有所区别。司法行政人员的职业要求有其特殊性，既要遵循司法人员的职业道德，又要遵循行政人员的职业道德。行政人员的主要工作内容包括协调、服务和管理三个方面，而司法行政人员的职责是保障司法机关的各类资源能够得到合理和科学的利用，即负责司法工作的策划与执行，这需要了解掌握职业对象的需求，更多地关注职业对象，把握其需求的规律性，减少工作盲目性。

同学 B：司法行政工作是司法工作的一个重要部分，是审判、检察和执行工作不可或缺的后勤保障。司法行政人员在法院中属于比较特殊的群体，一般都是复合型人才，具有知识结构全面、综合能力突出的特点。只是工作岗位不同，其也可以发挥个人的专长,实现职业理想,同样保障司法的公平公正。以监狱管理人员为例,通过满足服刑人员的部分合理需求,可以更好地调动服刑人员改造的积极性,感化和改造服刑人员。在履行工作职责、行使职权的过程中,监狱管理人员需要自觉遵守道德、行为规范,其内容和形式都应符合社会和工作的需要。监狱管理人员也可以针对服刑人员的不同需求区别对待,体现以人为本、人道主义的原则,充分引导服刑人员积极改造。

同学 C:司法行政工作既是一项法律工作,也是一项社会事业。从现代法治社会来看,法律职业是一个专业性、公共性的职业群体,有不同于其他一般行业的特殊性。从专业性来看,司法行政职业要以一定的专业知识和技能为背景。从公共性来看,司法行政职业对社会公平正义所负的责任,也决定了其必须遵循与社会大众群体所不同的职业伦理和情感认知。所以,作为法律职业之一的司法行政职业,显然有不同于其他行业的职业特点、运作原则和管理要求。司法行政人员应具备通常人所难以具备的技术理性,也具有强烈的公共责任意识。

同学 D:司法活动涉及监管、矫治、预防、调查和惩戒的系列过程,具有综合性、系统性、专业性、长期性和社会性。因此司法工作除了专业的法律人员之外,还需要基于其他辅助人员、行政人员和社会资源开展业务合作,需要制度支持、机构支撑和社会助力,形成一个完整的运行系统,缺少其中任何一环,系统都将无法有效运行。对司法行政人员的要求,不仅包含司法行政职业作为现代法律职业所应具有的系统规则,还包括作为国家执行权的主体所应该具有的业务素质和独特的法律知识、技能,以及为社会谋福祉、为公众提供服务等方面的职业精神。

小结:从上面的讨论可以看出,无论是从司法体制运行,还是从保障人民合法权益、全面推进依法治国的角度来看,司法行政人员的作用都不容忽视。司法行政人员应树立职业意识,形成职业信仰,勇于担当、尽职履责。同时,应加强司法行政人员的职业伦理和操守教育,使其树立坚定信念、恪守良知、理性公允的司法行政职业品格。

二、司法行政人员的职业定位

(一) 司法行政人员职业定位上的总体特征

司法行政人员的范围较广,主要是指国家司法机关中作为行政主体,从事行政活动和辅助活动的人员。其包括人民检察院、人民法院中除了检察官、法官以外,从事司法警务、行政管理、后勤服务、党务工作、纪律监督等方面的工作人员,以及监狱管理人员、社区矫正人员和法律援助人员等。司法行政人员的职责特征主要体现为服务性、管理性和执法性。

1. 服务性

司法行政机关掌握多种法律法规服务手段,具有特定的职能,依法对律师、公证机关、人民调解组织、仲裁等法律法规服务机构和人员进行管理、监督和指导,通过这些机制和多种途径向社会提供法律法规服务。在诉讼和非诉讼活动中,司法行政机关通过刑事辩护、民事代理、法律法规援助、办理公证等形式,为公民提供法律法规帮助,满足社会主体的司法需求。

司法行政机关在社会治安综合治理中,参与组织并领导基层自治和基层治安防卫工作,及时化解各类民间纠纷,维护社会稳定,打击和预防犯罪,为维护国家的政治稳定和社会安定发挥了重要作用。

司法行政机关承担着法制宣传和普法教育的职能,致力于提高公民的法律法规意识,促进法学教育和法学研究。随着国家民主法制和市场经济的不断发展,社会的法律法规需求将不断提高,司法行政机关的服务性特征将越来越突出。

2. 管理性

司法行政机关作为政府职能部门,依法对司法行政事务实施管理,因此其主要职能是依法行使司法行政的管理权。我国目前虽未完全实现司法行政机关对司法行政事务的统一管理,部分司法行政管理职能仍由司法机关(人民法院、人民检察院)或者其他职能部门承担,但绝大多数司法行政管理职能(如监狱管理、劳动教养、法制宣传、法学教育、法学研究、人民调解、仲裁、司法鉴定、法律法规援助及国际司法协助等司法行政事务)都属于司法行政机关的管辖范畴。司法行政机关在司法行政管理工作中担负着主要任务,发挥着主要作用。

3. 执法性

司法行政机关是国家执法机关,总体而言,司法行政工作就是执法工作,执法性也是司法行政工作中最基本的特征,主要表现在诉讼活动和非诉讼活动两个方面。司法行政机关的各种工作和职权都是由法律规定或授予的,并且要按照法定程序及规则进行。例如,依法进行狱政管理时,需通过对罪犯实行惩罚和改造相结合的原则,将罪犯改造成为守法的公民,这些司法行政职能从职权到程序必须严格依法办事,也体现了司法行政机关作为法律执行机关的执法性特征。

(二) 司法机关行政辅助人员的职责

司法机关行政辅助人员是指人民法院中除审判人员以外的，协助进行审判工作的其他工作人员，主要包括法官助理、书记员、司法警察、司法技术人员等。

1. 法官助理的职责

法官助理的性质是法官辅助人员，不享有审判权。法官助理在法官的安排和具体指导下，进行审判工作中的程序性工作和其他辅助性工作，使法官能专心致力于"审理"与"判决"工作。法官助理的职责主要包括如下几个方面：

(1) 审查诉讼材料，提出诉讼争执要点，归纳、摘录证据；

(2) 庭前组织交换证据；

(3) 代表法官主持庭前调解，达成调解协议的，须经法官审核确认；

(4) 办理承担法律援助义务的律师担任辩护人或者指定法定代理人代为诉讼的有关事宜；

(5) 接待案件当事人、代理人、辩护人的来访和查阅案卷材料；

(6) 依法调查、收集、核对有关证据；

(7) 办理委托鉴定、评估、审计等事宜；

(8) 协助法官采取诉讼保全措施；

(9) 准备与案件审理相关的参考性资料；

(10) 办理案件管理的有关事务；

(11) 根据法官的授意草拟法律文书；

(12) 完成法官交办的其他与审判业务相关的辅助性工作。

2. 书记员的职责

书记员的基本职责是记录案件审理审判全过程，包括调查笔录、勘验笔录、庭审笔录、合议庭笔录等，所以书记员应系统地了解笔录的性质、作用和特点，并能熟练掌握制作各种笔录的方法。从收案、审判到执行整个过程，都有书记员的参与，除了做好文字记录工作外，书记员还应做好以下六项基本工作：

(1) 协助法官做好案件审查与登记；

(2) 协助法官做好开庭前的准备工作，包括各类诉讼文书的填写和送达、张贴公告、布置法庭、了解当事人的情况等；

(3) 协助法官做好开庭审理工作；

(4) 协助法官做好开庭后的工作;

(5) 对于上诉的案件,书记员应办理好送交上级人民法院审理的移送手续;

(6) 完成诉讼文书的立卷、装订与归档工作。

3. 司法警察的职责

《中华人民共和国警察法》第二条规定,人民警察包括公安机关、国家安全机关、监狱、劳动教养管理机关的人民警察和人民法院、人民检察院的司法警察。因此,司法警察是指在人民法院、人民检察院执行特定任务的警察,包括人民检察院的司法警察和人民法院的司法警察,简称为法警。

其中,人民法院司法警察依照《中华人民共和国人民法院组织法》《人民法院司法警察条例》的规定,其职权主要有以下八项:

(1) 维护审判秩序;

(2) 对进入审判区域的人员进行安全检查;

(3) 刑事审判中押解、看管被告人或者罪犯,传带证人、鉴定人和传递证据;

(4) 在生效法律文书的强制执行中,配合实施执行措施,必要时依法采取强制措施;

(5) 执行死刑;

(6) 协助机关安全和涉诉信访应急处置工作;

(7) 执行拘传、拘留等强制措施;

(8) 法律、法规规定的其他职责。

人民检察院司法警察依照《中华人民共和国人民检察院组织法》《人民检察院司法警察条例》的规定,其职权主要有以下九项:

(1) 保护人民检察院直接立案侦查案件的犯罪现场;

(2) 执行传唤、拘传;

(3) 协助执行监视居住、拘留、逮捕,协助追捕在逃或者脱逃的犯罪嫌疑人;

(4) 参与搜查;

(5) 提押、看管犯罪嫌疑人、被告人和罪犯;

(6) 送达有关法律文书;

(7) 保护出席法庭、执行死刑临场监督检察人员的安全;

(8) 协助维护检察机关接待群众来访场所的秩序和安全,参与处置突发事件;

(9) 法律、法规规定的其他职责。

(三) 监狱管理人员的职责

监狱人民警察依法管理监狱、执行刑罚、对罪犯进行教育改造。监狱人民警察在刑罚执行过程中,应当依照法定职权和法定程序行使职权、履行职责、贯彻实施法律。教育改造工作是刑罚执行活动的重要组成部分,是改造罪犯的基本手段,也是监狱工作法制化、科学化、社会化的重要体现,贯穿于监狱工作的全过程。随着社会的发展,罪犯改造质量已成为社会对监狱工作的关注焦点,因此,监狱人民警察应当加强罪犯的思想教育,规范其文化教育,提高文盲犯人脱盲率,并积极协调和做好在押犯人职业技能培训和鉴定工作,提高其文化修养和专业技能。同时,监狱人民警察应深化个别教育,注重"顽危犯"排查和攻坚教育转化工作,降低社会危害性。

维护监狱安全稳定是监狱人民警察落实监管安全制度的需要,是维护监管改造秩序的前提。确保监狱安全稳定是监狱工作的第一责任。监狱是国家的刑罚执行机构,监狱的存在对于犯罪的预防有着重要的影响力。防范能力的高低直接决定监狱管理人员队伍的稳定和监狱安全。与此同时,监狱还是社会风险的聚集地,是化解社会矛盾的主战场,是风险管理部门,与社会一般部门相比,其发生突发事件的风险更大,因此监狱人民警察必须具备应急处置能力。在面对突发事件时,监狱人民警察应有效地进行监测预警、应急决策、处置应对、资源配置、善后管理等。

(四) 社区矫正工作人员的职责

社区矫正是与监禁矫正相对的刑罚执行方式,是指将符合社区矫正条件的罪犯置于社区内,由专门的国家机关在相关社会团体和民间组织以及社会志愿者的协助下,在判决、裁定或决定确定的期限内,矫正其犯罪心理和行为恶习,并促进其顺利回归社会的非监禁刑罚执行活动。社区矫正体现了刑罚轻缓化和人性化的特征,已成为世界刑罚发展的趋势。从全国范围来看,司法行政机关承担了社区矫正执行机构的主要职能,公安机关处于配合司法行政机关开展社区矫正执行工作的地位。社区矫正执行机构的工作人员主要包括司法干警、派出所民警、法官、检察官及相关社会工作者,主要承担对社区服刑人员的监管、教育改造、适应性社会帮扶等工作。

社区矫正执行机构的职责分为三项:一是对社区服刑人员进行监管,二是对社区服刑人员进行改造,三是对社区服刑人员进行帮扶。① 对社区服刑人员的监管主要表现为依法对社区服刑人员进行监管,限制其部分人身自由;剥夺社区服刑人员部分行为资格;监督社区服刑人员交纳罚金,履行赔偿义务;监督社区服刑人员履行其他法定义务等。例如,强制管制犯和缓刑犯在社区矫正期间遵守规定并服从监管,禁止从事特定活动、禁止进入特定区域和场所、禁止接触特定人员、强制参加公益劳动等。② 教育改造是社区矫正执行过程中的重要任务,贯穿社区矫正整个过程。社区矫正执行机构应当针对不同的犯罪类型、犯罪原因、风险评估等级,以及犯罪的思想、行为、心理特征,制定个性化的矫正方案,对社区服刑人员进行思想、法制、文化、生活等教育,增强其认罪悔罪意识,转变其不良心理和行为恶习,提高其社会责任感,促进其再社会化。③ 帮扶体现了人道主义精神,有利于促进社区服刑人员顺利回归社会。社区矫正执行机构应该积极协调各方资源,帮助社区服刑人员解决生产、生活方面的困难;理解和尊重身体、性格、行为有缺陷的社区服刑人员,采取差别化对待原则,提供必要的法律援助和心理帮助;围绕社区服刑人员就业需求,突出职业技能教育,提供就业培训,做好应聘指导、就业信息提供等就业服务。有条件的地区可通过建立就业基地解决社区服刑人员就业难题,使社区服刑人员能够有相对稳定的收入,解决生存的最基本需求。

(五) 法律援助人员的职责

法律援助制度是国家以法律或制度的形式,为某些经济困难或特殊案件的当事人提供免费或者减费的法律帮助,以保障其利益得以实现的一项法律制度,是世界各国普遍采用的司法救济制度。

根据《法律援助条例》,法律援助机构负责解答法律咨询,受理、审查法律援助申请,指派或者安排人员为符合法定条件的公民提供法律援助,并对法律援助人员办理法律援助的活动进行监督、指导。法律援助的主要形式包括刑事辩护和刑事代理、民事诉讼代理、行政诉讼代理、非诉讼法律事务代理、公证证明、法律咨询、代拟法律文书等。其中,解答法律咨询是法律援助机构的一项重要职责,通过解答法律咨询,可以宣传有关法律,培养公民的法律意识和法制观念,为当事人提供解决纠纷的法律途径。

刑事辩护和刑事代理即担任刑事被告人的辩护人、代理人。犯罪嫌疑人、被告人符合以下情形之一且未委托辩护人或诉讼代理人的,办案机关应通知法律援助机构指派律师为其提供辩护或者代理:未成年人;盲、聋、哑人;尚未完全丧失辨认或者控制自己行为能力的精神病人;可能被判处无期徒刑、死刑的人;依法不负刑事责任的精神病人强制医疗案件中的被申请人;缺席审判案件的被告人。

对于民事法律援助，除民事诉讼代理类法律援助外，还包括民事法律咨询服务，以及为符合法律援助条件的当事人办理公证和司法鉴定的服务。民事诉讼代理和行政诉讼代理就是在民事诉讼和行政诉讼中担任一方的代理人。

对于行政法律援助，《法律援助条例》规定了公民因经济困难没有委托代理人的，可以向法律援助机构申请法律援助。还特别规定在下列情形下可以申请法律援助：请求国家赔偿、请求给予社会保险待遇或最低生活保障待遇、请求发给抚恤金和救济金等。

通常而言，申请法律援助的人员往往属于社会弱势群体，其法制观念淡薄、法律意识普遍不强，因此，他们的合法权益能否得到保障以及其保障程度，完全依赖于法律援助人员的业务水平和职业素质。虽然《律师法》和《法律援助条例》规定，律师负有法律援助义务，但是不同地区、不同水平的律师对于参与法律援助的态度却存在很大差别，尤其是对于复杂案件的补贴较少，使得多数法律援助服务人员怠于接手这类案件。对于法律援助服务人员的指派，通常是由法律援助机构的工作人员根据其所掌握的情况，确立案件的具体承办人员，导致部分受援人对法律援助服务人员不信任，不利于相互之间的沟通和协调，影响案件的办理。

三、司法行政人员的职业伦理

司法行政人员的职业伦理反映的是司法行政人员职业规范的基本精神。党的十八届三中全会提出深化司法体制改革，司法体制改革具体来说是将人民法院、人民检察院工作人员分为员额法官和检察官、司法辅助人员、司法行政人员三类，并针对不同类型的工作人员建立相应的管理模式。习近平总书记在中央政法工作会议上提出，要打造"政治过硬、业务过硬、责任过硬、纪律过硬、作风过硬"五个过硬队伍建设，这既是强化道德建设和队伍建设的促进力量，也是对司法行政人员的职业精神要求。

司法行政人员的日常工作虽然繁杂，却十分重要，在提供服务保障、连接干部群众、层层传达协调等方面具有重要作用。司法行政人员需要具备系统的专业知识、较高的综合素养、较强的办文办会办事能力，并且需要对相关业务知识有全面的把握，需要综合协调重要工作部署、重大决策的贯彻实施，其工作程度的重要性不亚于业务人员。因此，司法行政人员应形成正确的思想观念与纪律作风，充分定位好"人民公仆"的角色，全心全意做好服务工作。作为司法行政人员，也要将服务精神融入日常工作之中，以法律为准则，维护法治制度。

(一) 服务理念

司法行政服务是司法行政机关主导的法制宣传、法律服务、法律援助、纠纷调解、社区矫正、劳动教养、帮教安置、司法鉴定、司法考试等多项工作的总称。司法行政服务就是要通过法律保障、法律服务和法制宣传教育等职能的发挥，不断提高全体公民的法律观念，提高各级公务员依法行政的能力和水平。因此，司法行政服务是塑造优良法治环境不可或缺的环节。法律需要服务于人民群众，服务于社会的发展进步，作为司法行政工作人员，坚持服务理念是理所应当的职业操守。服务理念是群众路线在司法行政工作中的具体体现，所谓服务理念，就是在工作中坚持群众利益至上，以谨慎的态度开展各项司法行政服务工作。当前，我国仍有部分人群法律意识淡薄，因此服务理念的指导不仅有利于司法行政人员开展普法工作，更能够推动全民学法工作。

社会主义社会的法律职业是以实现人民意志为宗旨，为民服务是社会主义法律职业道德的基本要求。作为法律职业道德准则，为民服务的内涵包括立法、司法、法学研究和法学教育等方面。其中，在立法层面，法律应当积极回应公众的立法期待和社会的立法需求，立法为民即要求立法机关以民为本，充分汲取大众的知识资源，催生民主立法，彰显人文精神。在司法层面，要求法律职业者以保护人民、维护社会稳定、化解社会矛盾、调节社会关系、保障社会职能正常运行为职业目标，在职业活动中采取多种举措为人民提供便利和服务。

为民服务的基本要求包括以下两项。一是要满腔热忱为公众服务，倡导人性化法律理念，推行文明执业。法律职业向社会、向公众提供的服务应该是整体的、全方位的，不仅要体现在公正、高效的结果上，还要体现在职业的行为、态度、作风以及方式方法上。充满人文关怀的职业活动，要求法律职业者有大众意识、民主意识，在工作中热情、热心，平等地对待各种身份的公民，在法律规定的范围内以符合职业规律的方式关心群众疾苦，急群众所急、想群众所想，文明办案、礼貌待人。对司法行政人员，则更要强化其便民、利民意识，不断扩大人民群众的知情权、参与权，自觉把司法工作置于群众的监督之下，使执法活动充满人性关怀。二是要竭尽全力保障人民的政治权利、人身权利、财产权利不受侵害，勇于同各种侵犯人权的行为作斗争，尤其对弱势群体的权利，应当重点保护。

(二) 恪尽职守

恪尽职守对司法行政人员而言尤为重要。司法行政人员是法治工作中的"后备军"

"联络员",是司法工作的一个重要组成部分。

（1）应做好自己的工作，摆正位置，找准工作开展的切入点，迅速步入正确的工作轨道。司法行政人员应认识到司法行政工作的重要性，做好司法行政工作既需要一定的专业知识和综合素养，又需要高尚的道德情操。通过不断强化司法行政人员道德建设，使其正确认识司法行政岗位的职能定位和重要价值，增强职业认同感，从理性层面重视司法行政工作，从感性层面热爱司法行政工作，从思想层面牢固树立政治意识、大局意识、核心意识、看齐意识，深入学习道德模范先进事迹，提升职业自豪感。

（2）应不断提升业务水平，加强职业道德教育。司法机关应当强化学习机制，提供制度保障培育司法行政人员职业精神，不仅要求司法行政人员在道德层面恪守原则、陶冶情操，也要求其在工作层面不断增强自身能力和综合素质。司法机关要将践行职业精神与提升工作水平相结合，形成学习教育机制，针对司法行政人员的思想和工作特点，出台具体学习教育活动方案，促进队伍专业化，形成全方位、多层次的专业知识学习体系，聚焦司法行政主责主业，提升履职水平；同时拓展学习内容外延，增设与司法行政工作相关的法律、经济、心理、科技等领域的内容，提升司法行政工作人员的综合素质。

（3）应严于律己，提高思想，树立廉洁观念。随着时代的发展，物质文化生活日益丰富，与此同时衍生的社会诱惑也同步增加，如何远离拜金主义、个人主义和享乐主义的泥潭，是每一位司法工作人员的必修课。司法工作者肩负着强化法律监督、维护公平正义的重要职责，作为法律的维护者和践行者，司法行政人员必须以严标准要求自己，提高思想认识，不能因自己不办案、不在一线业务部门就麻痹大意，而是要定期自我检讨，时刻警醒。习近平总书记强调，作风建设永远在路上，永远没有休止符，必须抓常、抓细、抓长，持续努力、久久为功。从自身做起，保证司法公正廉洁，是提升执法司法公信力、切实服务人民的必由之路。司法行政人员与一般的行政人员不同，司法是社会公平正义的最后一道防线，因此，作为司法行政人员，必须恪尽职守，才能保证司法活动发挥其应有的维护社会公平正义的作用。

（三）奉献精神

奉献精神是崇高的职业道德，是司法行政人员保持其职业纯净性的法宝之一。耶林认为，法律制度的生命在于自我实践，此乃生活与法的真理的实现，法律制度的价值不是纸上正义，而是体现在法本身实践于生活之中。司法行政人员的职业价值孕于法律价值之中，这要求司法行政人员不仅具备良好的法律职业素养，更需要有高尚的职业情操以及对正义深刻的理解和不懈的追求,而这一切离不开奉献精神。实现公平和正义是所有法律职业共同体的终极追求,司法行政人员选择了这份工作,即意味着选择了公平和正义作为自己的价值追求,奉献精神自是该职业的题中应有之义。

奉献精神的培养应当从以下三个方面着手。一是强化民本意识。人心向背,历来是决定一个政党、一个政权盛衰的根本因素。在我国,法律职业以实现人民意志为本,法律职业者所掌握的国家权力均来自人民,因此,应在法律职业者中贯彻权为民所用的思想,帮助他们把手中的权力行使好。强化民本意识,即要建立为民、利民意识,要站在人民群众的立场考虑问题,想群众之所想,急群众之所急,全心全意为人民群众谋利益;克服困难、积极努力,把那些能够做到、应该做好的事落到实处。二是强化发展意识。发展是实现最广大人民群众利益的根本途径,保护发展、促进发展,就是保护和促进最广大人民群众的利益,法律职业者要用发展的眼光看问题,积极主动地适应新形势下广大人民群众的要求,用创新的手段解决新时期出现的新问题。三是强化公正执业意识。公平、公正是法律职业活动的灵魂和归宿,只有做到了公平、公正,才能真正做到顺民意、谋民利、得民心,才能得到人民群众的支持和拥护。换言之,公正执业是为民服务的基础,培养为民服务的意识,应当首先从公正执法、公正执业入手。

奉献精神与职业忠诚有着内在的统一性。职业忠诚首先表现为对法律的忠诚,而我国社会主义法律是人民利益的集中体现,因而职业忠诚即忠诚于人民利益,奉献精神即法律职业者职业忠诚的表现。

(四) 职业良知

公生明,廉生威。公正、廉洁的文化修养是增强司法工作人员明辨是非能力、提升职业公信力的重要因素。司法人员要坚持底线,敢于担当,始终坚守职业良知。司法人员的个人品质在很大程度上影响着工作的品质,职业良知也在很大程度上影响着司法机关的形象与法律的尊严。司法职业良知既是坚守法律底线、道德底线的定力所在,也是忠实履行法律监督职责的内心力量,同时还是社会主义核心价值观对司法工作人员核心价值观的本质要求。司法机关承担着法律监督和反腐败的重要职责,社会公众对司法人员职业良知的要求,远远超出一般的道德标准。司法工作人员只有自觉用职业良知约束自己,坚定理想信念,坚决捍卫法治,做到秉公执法、清廉如水,切实把住思想道德底线,守好精神家园,只有坚守思想道德防线、廉洁从政底线、党纪国法红线,踏踏实实干事创业,兢兢业业为民谋利,才能不断转化和凝聚成执法为民的正能量。

司法工作者以人民的名义,擎法律利剑为人民服务,这要求其具有大公无私、顾全大局的优良品质。如果司法行政人员只盯着自己的私利,不顾全司法事业发展大局,那就会存在利己主义倾向,使得工作状态低迷、工作态度懒散,影响工作效果。只有培育职业精神,聚焦为人民服务的宗旨,才能让广大司法行政人员认识到不同岗位和职能的共同目标,做到全面推进依法治国,让人民群众满意。每一名司法行政人员都要牢固树立全心全意为人民服务的宗旨,自觉培养为民情怀。

司法行政人员是司法机关队伍中的重要力量,只有始终坚持工作为了人民、依靠人民、造福人民,更好地为民服务、为民解忧,方能更好地守护人民、守护公平正义。理性公允是人类社会共同尊崇的价值追求,也是司法活动重要的价值目标。司法活动作为一种社会控制手段,担负着定纷止争、解决矛盾、消弭冲突、维护社会秩序,最终实现公平与正义的社会功能。要发挥司法活动的社会功能,司法机关本身必须是公正的。司法行政人员只有本着公正的原则,运用法律专业知识和技能,正确履行职责,才能保障司法活动目的的实现。正因如此,具备基本的职业良知不但是司法裁判人员的义务,也是司法行政人员的义务。

四、司法行政人员的职业道德和规范

本节讨论的司法行政人员的职业道德和规范是对司法行政人员职业伦理的具体化,既涉及从一般意义上做分析,又从不同司法行政工作的特殊性提出要求。

(一) 一般职业道德和规范要求

司法行政人员的一般职业道德和规范要求应包括以下方面。

1. 热爱岗位、忠于职守

美国法学家克罗曼认为,法律职业者的实践智慧既是程序上的品质,也是实体上的品德。法律职业者应当把法律实践本身当作实现善的过程,从而遏制工具性的法价值观。对法律职业者而言,忠于职守即以实现正义为最终目标,尽心竭力完成好本职工作,严格履行法定义务,以极大热情迎接挑战,在工作中尽情发挥所长,始终寻找完成工作的最佳途径,并自觉接受人民的监督和批评,向人民负责。忠诚是法律职业者维护自身职业发展必须具备的素质,更是构建法律职业共同体的必然要求。忠诚意味着高度的责任感和敬业精神,不同的法律职业的忠诚,其内涵也不同。

对于司法行政人员而言,忠诚意味着以实现人民意志为宗旨。司法行政人员应热爱和忠诚于工作,全身心地投入工作,忠于自己的职业道德操守,不把自己的分内工作机械、呆板地为完成任务而完成,应积极主动地完成自己的工作,履行自己的职责,进而真正发挥岗位和职业的价值和意义。司法行政人员应在工作中积极回应公众的期待,以民为本,充分汲取大众的知识资源,彰显人文精神;坚持以保护人民、维护社会稳定、化解社会矛盾、调解社会关系、保障社会职能正常运行为职业目标,在职业活动中采取多种举措为人民群众提供便利和服务,以服务社会和服务公众为根本目标来提供司法行政服务;对于组织下发的工作和任务,不因为大小优劣而用带有偏见的眼光看待。司法行政人员应明白,无论工作大小都是自己这个岗位所应负责的内容和应承担的责任,要始终坚定不论工作性质如何,都要将自己手头上的工作努力做好,并以事业心和责任感,从全局角度出发、从促进大局发展出发履行好各项职责。

2. 遵纪守法、办事公道

遵纪守法不仅是司法工作者必备的职业良心,更是职业活动能够正常进行的重要保证。职业良心是从业者对职业责任的自觉意识,或者说是从业者对他人和社会履行义务的道德责任感和自我评价能力。其实质反映的是从业人员对他人和社会的职业义务意识,是一种对职业关系和职业活动的是非、善恶的内心体验。职业良心是职业责任感和义务感的发展,并与人们对职业道德行为的选择和职业道德实践紧密相连。职业良心对人们的职业活动起着重要的调节作用,从业者会因受到职业良心的激励而积极地从事合乎职业道德的事件,产生对他人、对社会有益的职业行为;从业者受到职业良心的谴责,对不符合道德要求的情感、欲望能够主动予以抑制和克服,对已经做出的一些不合乎职业道德的职业行为也能够严肃反思、认真悔改。法律职业良心是法律人基于对法律的正当性与合法性的认识与理解,以及对自己所经历的法律生活的体验和反思,而产生的对自己职业行为的善与恶、正确与错误的基本认知、评价,对法律职业责任的认识,或者自己对社会、他人应履行的义务的道德责任感和自我评价能力。法律职业良心是调整法律职业关系、指导职业行为、保证职业者正确执业的重要道德要素。

法律职业良心在法治的创造性实践过程中发挥着重要作用,具体而言表现在以下两个方面。

其一,通过法律人创制新法的职业活动影响法律机制的运行。由于社会生活纷纭复杂,各种新问题、新矛盾层出不穷,面对无限发展的社会,条文法中存在的缺漏和盲区会一一显现,特别是在社会高速发展的今天,立法者立法时的殚精竭虑仍无法摆脱立法对实践的挂一漏万。在这种情况下，人们甚至认为，法律不只是作为一种条文或规范存在，更重要的是作为一种原则和精神存在。法律人在实践中不应也不可能完全拘泥于法律条文的规定，而可以凭借对法律精神的理解，以自己的智慧和良知，将法律精神融入职业活动中，真正落实法律所内含的公平与正义。

其二，通过法律人对旧制的完善和改造影响法治的发展。由于法律概念本身的抽象与概括特性，加上法律语言的多义、立法技术的失误等诸多因素作用，法律自身不可避免地存在着不合目的性、不周延性、滞后性和模糊性等局限。法律人在职业活动中对法律合乎目的的解释、扩展是法律发展和自我完善的重要手段，法律的实施以解释过程为前提，法律人对现行法的缺漏进行弥补，既是对法律人职业活动的技术要求，也是道德要求。由于法律工作是一个专业性、技术性很强的职业，创造性的司法、执法过程在知识上和程序上都是排他性的，因而外部监督常常是低效能的。这就对法律人的职业良心提出了要求。

职业良心外在表现为遵纪守法、办事公道。司法行政人员不仅仅要遵守国家的宪法和相关法律，同时也要遵守政府对行政事务人员制定的相关规章制度，而遵纪守法是保持工作最基本的要求。办事公道，是指司法单位行政事务人员在处理日常工作和事务时，不因私念而以不公平、不公正的态度进行办理；在工作中，也不因领导或其他同事级别不同而采取不平等的对待方式，否则会导致不良工作氛围的出现。不以权谋私是司法对行政事务人员人格和底线的要求，其应不以公务之便来谋取私人之利，时时刻刻谨记为国家和人民服务，以国家和人民的大局利益为重，不损害当事人的合法利益。

3. 刻苦钻研、勤勉尽职

随着时代的发展和变化，在不同时期，对于司法工作者的工作技能和要求也有所变化。作为新时代的司法行政人员，对于工作技能和文化素质这方面的要求也应更加重视，而是否能够具备这两个方面的优良条件则是判断一名司法行政人员是否优秀的依据之一，不断加强自身的学习是各行各业职业道德所遵循的共同要求。司法行政人员应通过刻苦努力的学习，实现自身价值的提升，最终有利于工作更好开展。

司法行政人员首要的工作态度应当是勤勉，即在职业活动中认真履行职责，对工作努力、不懈怠。法律职业以促进社会公平和正义、维护社会秩序、保护人权为己任，职业活动常常要涉及公民的财产、自由乃至生命，任何懈怠、疏忽和散漫都可能给国家、社会、公民个人造成无法弥补的损失。因此，司法行政人员对待本职工作应当积极、认真、一丝不苟，对自己职责内的事力求做好、做实。

勤勉作为对司法行政人员职业态度上的要求，不仅表现在其对待工作的态度和行为上，还表现在其努力提高自身素养的态度和行为上。法律职业是一门专业性很强的职业，其职业理论博大精深，职业技能和职业伦理系统性强、内容庞杂，需要不断地学习才能真正掌握。从另一个角度来看，运用和操作法律又是一种"以其积极活动塑造和决定法律样式的活动"，即法的适用是一种高度创造性的活动，法律的形式在一定程度上是法律职业者在实施法律的过程中确定的。这要求司法行政人员不断学习，不断提高职业能力和职业道德素养，使法律在稳定和发展的均衡关系中得到适用。因此，不断地学习、不断提高自己的能力，也是司法行政人员勤勉工作的职业态度的表现。

司法行政人员以促进社会公平和正义、维护社会秩序为己任，因此，司法行政人员对待本职工作应当积极、认真、一丝不苟，对自己职责内的事力求做好、做实，以积极的态度完成职责要求的每一项工作，谨防因自己的疏漏给国家、社会、公民造成损害。勤勉是一种工作态度，是做好工作的一种精神力量，是保障司法行政人员充分发挥工作创造力的基础。只有勤勉尽责的司法行政人员才能以负责的态度认真完成工作任务，相反，消极的态度、散漫的职业行为则容易给司法工作造成难以挽回的后果。目前，我国司法实践中出现的办事拖拉、工作松散、态度生硬、神情冷漠、徇私舞弊等问题，已成为人民群众对司法行政人员工作不满的主要原因之一，这种现象已严重影响了司法权威的树立，严重影响了人们对司法的信任，容易导致人们对法治丧失信心。因此司法行政人员只有树立强烈的工作责任心，才能克服惰性，不断加强自身修养，实现工作的价值。

（二）监狱管理人员的职业道德和规范

1. 监狱管理人员的职责规范

监狱管理人员是监狱管理工作的主体，其直接面对的职业对象是服刑人员，即被人民法院判处死刑缓期二年执行、无期徒刑、有期徒刑并已送交监狱执行刑罚的犯罪分子。同时其还需要处理与服刑人员相关的各类社会关系。监狱管理人员的主要工作职责是对服刑人员进行思想教育、狱政管理、生产安全、教育管理、生活卫生管理等，从而维护监狱的安全稳定，执行好国家的法律，保护好在押人员的合法权益，教育和改造好每一名在押罪犯。其具体职责包括以下几个方面。

其一是时刻维护监狱安全。监狱的安全稳定事关社会稳定大局，没有监狱的安全稳定，就没有社会的和谐稳定。一个监管安全事故频发的监狱，根本谈不上为构建和谐社会服务，相反会破坏和扰乱社会政治、经济、文化秩序的安全稳定。监管安全稳定的价值并不止于监管安全稳定本身,其重要性更体现在为监狱中心工作服务、为社会大局稳定服务所发挥的价值功能上。根据立法精神,监狱管理人员应坚持社会主义法治理念,忠实地执行国家法律,自觉地维护法律的尊严,抵制来自权力、人情、金钱、美色等方面对执法工作的干扰,确保公正地执行国家法律法规,严格按照《监狱法》从事执法活动和管理工作。监狱管理人员应通过执法实现刑罚预防目的,实现剥夺和限制罪犯权利的惩罚功能,防止罪犯继续危害社会,维护监狱和社会的秩序及安全;通过矫正执法行为,发挥刑罚的教育功能,使罪犯成为守法公民。

其二是公平管理在押人员,努力在监狱营造一个和谐、安全、文明的改造环境,促进监狱安全和在押人员违法犯罪思想的转变和改造。监狱管理人员管理、监督在押人员时要做到文明礼貌,对待在押人员态度上无亲疏之分,不使自己的不良情绪影响管理工作;在处罚违规在押人员时应调查研究,坚持实事求是、宽严适当、不偏不倚;要坚持直接管理在押人员,不将自己职责范围内的工作交由在押人员和非警务人员负责;对待在押人员管理上要一视同仁,不因自己的好恶、关系等给予特殊的照顾,形成特殊犯、自由犯。

其三是不与在押人员及其亲属发生非法利益关系。监狱管理人员应不在工作之外接触在押人员家属及其亲友,或接受其礼物、吃饭请客,或托办私事;不为在押人员说情、干扰正常办案活动;不私自与在押人员家属通电话、传递口信和书信;不安排在押人员私自会见,不为在押人员私带、存放物品;不找非分管监室的在押人员谈话,不干扰同事从事正常的管理活动等。

其四是维护在押人员合法权益。近年来,我国罪犯的权利保障已逐渐步入法治化轨道,特别是 1992 年《中国改造罪犯的状况》白皮书的颁布和 2012 年修订的《监狱法》等法律法规的相继出台,在给予罪犯人道主义待遇、尊重罪犯的人格和维护罪犯的合法权益等方面,迈出了具有划时代意义的坚实一步。罪犯享有与其特殊身份相应的法律权利,承认并保障其权利是法治社会的必然要求。因此监狱管理人员在工作中应树立人权保障观念,切实维护在押人员的合法权利。

其五是严格保守工作秘密。监狱管理人员应养成良好的保密观念,妥善保管好涉密的文书、资料,不在无关人员面前谈论工作和案件信息;不提供手机、电话等通信工具给在押人员使用;不泄露检举人检举的对象和内容。监狱管理人员应做到不该说的不说、不该问的不问、不该看的不看、不该听的不听。特别是狱内侦查是监狱工作中重要的工作环节,也是监狱常用的管理方法。其是侦破狱内犯罪及罪犯重大违规行为的关键,也是维护监管安全秩序的保障。通过各种途径发现和获取与罪犯活动有关情况的过程,都要求相关人员严格保守工作秘密。

其六是维护监管场所良好形象。监狱管理人员应实施依法管理、文明管理,在同监狱内外的人员联系交往过程中,无论在电话里、书面上或口头上,不说对所在监狱不利的话;要礼貌、尊重地对待所有监狱的来访者,为办案人员和来监狱办事人员提供一切方便;要积极参加各种社会活动,努力展示监狱管理人员的良好职业形象,提升监狱的正面形象。

2. 相关法律责任

(1) 禁止行为

《监狱法》第十四条规定,监狱的人民警察不得有下列行为:索要、收受、侵占罪犯及其亲属的财物;私放罪犯或者玩忽职守造成罪犯脱逃;刑讯逼供或者体罚、虐待罪犯;侮辱罪犯的人格;殴打或者纵容他人殴打罪犯;为谋取私利,利用罪犯提供劳务;违反规定,私自为罪犯传递信件或者物品;非法将监管罪犯的职权交予他人行使;其他违法行为。监狱的人民警察有前款所列行为,构成犯罪的,依法追究刑事责任;尚未构成犯罪的,应当予以行政处分。因此,监狱人民警察应当严格遵守法律法规、工作纪律;如违法违纪应受到相应处分,涉嫌犯罪的,应当移送司法机关追究刑事责任。

司法部发布的《监狱劳教人民警察执法过错责任追究办法(试行)》第八条规定,具有下列情形之一的,应当追究过错责任:扣押或销毁罪犯、劳教人员申诉、控告、检举、奖惩材料的;本人或者指使、放任他人殴打、体罚、虐待罪犯、劳教人员或者滥用警戒具的;对罪犯、劳教人员超期禁闭、到期不及时办理释放、解教手续或无故扣押释放、解教证明的;本人或亲属索要或者收受罪犯、劳教人员及其亲属财物的;克扣、挪用、贪污罪犯、劳教人员粮食、伙食费及其他财物的;向罪犯、劳教人员及其亲属兜售物品、借钱、借物或委托代购商品谋取经济利益的;本人或亲属接受罪犯、劳教人员及其亲属的宴请、礼品或者让其代支其他费用的;违反规定,让罪犯、劳教人员或者其亲属给予监狱、劳教单位财物的;在值班期间由于失职造成罪犯、劳教人员逃跑、伤亡的;由于工作失察、处理不当造成罪犯、劳教人员闹事或其他事故的;发生罪犯、劳教人员逃跑、伤亡事故不及时上报或隐瞒不报的;忽视安全生产造成生产责任事故的;违反规定,擅自将管理罪犯、劳教人员的职权交予他人行使的;未按规定管理、使用枪支、弹药及警戒具造成丢失或其他后果的;对本单位违法违纪行为失察,或发现后不予以制止、纠正,或隐瞒不报、报而不查,或袒护包庇、妨碍责任追究的;违反规定,为罪犯、劳教人员传递信件或捎带物品,私下安排罪犯、劳教人员和亲属会见,带领罪犯、劳教人员外出为自己或他人提供劳务的;违反规定,同意对罪犯或劳教人员准假、保外就医、所外就医、监(所)外执行、减刑、假释、提前解教及减期、延期的;办理罪犯或劳教人员保外就医、所外就医、监(所)外执行、减刑、假释、提前解教及减期、延期有徇私舞弊行为的;对罪犯、劳教人员及其亲属进行刁难或打击报复的;未经批准,擅自接待外来人员参观、采访监狱、劳教所,造成监狱、劳教工作失密、泄密的;对本办法中没有列举的其他过错行为,可根据其过错事实、情节、后果,按照有关法律法规和规章规定进行处分,但需经上一级司法行政主管部门批准。

对过错责任人的处分具体分为下列四种:第一,情节较轻的,可责令检查,给予通报批评,扣发岗位津贴、奖金,警告处分;第二,情节较重的,可给予记过,记大过,调离警察工作岗位处分;第三,情节严重的,给予降级,撤职,开除处分;第四,构成犯罪的,移交司法部门依法处理。犯有所列两种以上行为的,可从重处分或合并适用以上所列处分。对过错责任人需同时给予党纪处分或者给予警衔降级、取消警衔处分的,依照《中国共产党纪律处分条例(试行)》和《中华人民共和国人民警察警衔条例》等规定处理。

(2) 刑事责任

一是徇私枉法罪。《刑法》第三百九十九条第一款规定,司法工作人员徇私枉法、徇情枉法,对明知是无罪的人而使他受追诉、对明知是有罪的人而故意包庇不使他受追诉,或者在刑事审判活动中故意违背事实和法律作枉法裁判的,处五年以下有期徒刑或者拘役;情节严重的,处五年以上十年以下有期徒刑;情节特别严重的,处十年以上有期徒刑。《刑法》第四百条规定,司法工作人员私放在押的犯罪嫌疑人、被告人或者罪犯的,处五年以下有期徒刑或者拘役;情节严重的,处五年以上十年以下有期徒刑;情节特别严重的,处十年以上有期徒刑。司法工作人员由于严重不负责任,致使在押的犯罪嫌疑人、被告人或者罪犯脱逃,造成严重后果的,处三年以下有期徒刑或者拘役;造成特别严重后果的,处三年以上十年以下有期徒刑。《刑法》第四百零一条规定,司法工作人员徇私舞弊,对不符合减刑、假释、暂予监外执行条件的罪犯,予以减刑、假释或者暂予监外执行的,处三年以下有期徒刑或者拘役;情节严重的,处三年以上七年以下有期徒刑。

二是滥用职权、玩忽职守罪。《刑法》第三百九十七条规定,国家机关工作人员滥用职权或者玩忽职守,致使公共财产、国家和人民利益遭受重大损失的,处三年以下有期徒刑或者拘役;情节特别严重的,处三年以上七年以下有期徒刑。本法另有规定的,依照规定。国家机关工作人员徇私舞弊,犯前款罪的,处五年以下有期徒刑或者拘役;情节特别严重的,处五年以上十年以下有期徒刑。本法另有规定的,依照规定。《刑法》第三百九十九条第三款规定,在执行判决、裁定活动中,严重不负责任或者滥用职权,不依法采取诉讼保全措施、不履行法定执行职责,或者违法采取诉讼保全措施、强制执行措施,致使当事人或者其他人的利益遭受重大损失的,处五年以下有期徒刑或者拘役;致使当事人或者其他人的利益遭受特别重大损失的,处五年以上十年以下有期徒刑。《刑法》第四百二十七条规定,滥用职权,指使部属进行违反职责的活动,造成严重后果的,处五年以下有期徒刑或者拘役;情节特别严重的,处五年以上十年以下有期徒刑。《刑法》第二百五十四条规定,国家机关工作人员滥用职权、假公济私,对控告人、申诉人、批评人、举报人实行报复陷害的,处二年以下有期徒刑或者拘役;情节严重的,处二年以上七年以下有期徒刑。

《中华人民共和国公职人员政务处分法》第三十九条规定:"有下列行为之一,造成不良后果或者影响的,予以警告、记过或者记大过;情节较重的,予以降级或者撤职;情节严重的,予以开除:(一)滥用职权,危害国家利益、社会公共利益或者侵害公民、法人、其他组织合法权益的;(二)不履行或者不正确履行职责,玩忽职守,贻误工作的;(三)工作中有形式主义、官僚主义行为的;(四)工作中有弄虚作假,误导、欺骗行为的;(五)泄露国家秘密、工作秘密,或者泄露因履行职责掌握的商业秘密、个人隐私的。"

三是贪污受贿罪。对于贪污罪,《刑法》第三百八十二条规定,国家工作人员利用职务上的便利,侵吞、窃取、骗取或者以其他手段非法占有公共财物的,是贪污罪。受国家机关、国有公司、企业、事业单位、人民团体委托管理、经营国有财产的人员,利用职务上的便利,侵吞、窃取、骗取或者以其他手段非法占有国有财物的,以贪污论。与前两款所列人员勾结,伙同贪污的,以共犯论处。《刑法》第三百八十三条规定:"对犯贪污罪的,根据情节轻重,分别依照下列规定处罚:(一)贪污数额较大或者有其他较重情节的,处三年以下有期徒刑或者拘役,并处罚金。(二)贪污数额巨大或者有其他严重情节的,处三年以上十年以下有期徒刑,并处罚金或者没收财产。(三)贪污数额特别巨大或者有其他特别严重情节的,处十年以上有期徒刑或者无期徒刑,并处罚金或者没收财产;数额特别巨大,并使国家和人民利益遭受特别重大损失的,处无期徒刑或者死刑,并处没收财产。对多次贪污未经处理的,按照累计贪污数额处罚。犯第一款罪,在提起公诉前如实供述自己罪行、真诚悔罪、积极退赃,避免、减少损害结果的发生,有第一项规定情形的,可以从轻、减轻或者免除处罚;有第二项、第三项规定情形的,可以从轻处罚。

犯第一款罪,有第三项规定情形被判处死刑缓期执行的,人民法院根据犯罪情节等情况可以同时决定在其死刑缓期执行二年期满依法减为无期徒刑后,终身监禁,不得减刑、假释。"

对于受贿罪,《刑法》第三百八十五条规定,国家工作人员利用职务上的便利,索取他人财物的,或者非法收受他人财物,为他人谋取利益的,是受贿罪。国家工作人员在经济往来中,违反国家规定,收受各种名义的回扣、手续费,归个人所有的,以受贿论处。《刑法》第三百八十六条规定,对犯受贿罪的,根据受贿所得数额及情节,依照本法第三百八十三条的规定处罚。索贿的从重处罚。《刑法》第三百八十七条规定,国家机关、国有公司、企业、事业单位、人民团体,索取、非法收受他人财物,为他人谋取利益,情节严重的,对单位判处罚金,并对其直接负责的主管人员和其他直接责任人员,处五年以下有期徒刑或者拘役。前款所列单位,在经济往来中,在账外暗中收受各种名义的回扣、手续费的,以受贿论,依照前款的规定处罚。《刑法》第三百八十八条规定,国家工作人员利用本人职权或者地位形成的便利条件,通过其他国家工作人员职务上的行为,为请托人谋取不正当利益,索取请托人财物或者收受请托人财物的,以受贿论处。《刑法》第三百八十八条之一规定,国家工作人员的近亲属或者其他与该国家工作人员关系密切的人,通过该国家工作人员职务上的行为,或者利用该国家工作人员职权或者地位形成的便利条件,通过其他国家工作人员职务上的行为,为请托人谋取不正当利益,索取请托人财物或者收受请托人财物,数额较大或者有其他较重情节的,处三年以下有期徒刑或者拘役,并处罚金;数额巨大或者有其他严重情节的,处三年以上七年以下有期徒刑,并处罚金;数额特别巨大或者有其他特别严重情节的,处七年以上有期徒刑,并处罚金或者没收财产。离职的国家工作人员或者其近亲属以及其他与其关系密切的人,利用该离职的国家工作人员原职权或者地位形成的便利条件实施前款行为的,依照前款的规定定罪处罚。《刑法》第三百九十九条第四款规定,司法工作人员收受贿赂,有滥用职权、执行判决、裁定滥用职权行为的,同时又构成本法第三百八十五条规定的受贿罪的,依照处罚较重的规定定罪处罚。

对于巨额财产来源不明罪,《刑法》第三百九十五条规定,国家工作人员的财产、支出明显超过合法收入,差额巨大的,可以责令该国家工作人员说明来源,不能说明来源的,差额部分以非法所得论,处五年以下有期徒刑或者拘役;差额特别巨大的,处五年以上十年以下有期徒刑。财产的差额部分予以追缴。国家工作人员在境外的存款,应当依照国家规定申报。数额较大、隐瞒不报的,处二年以下有期徒刑或者拘役;情节较轻的,由其所在单位或者上级主管机关酌情给予行政处分。

《最高人民法院 最高人民检察院关于办理渎职刑事案件适用法律若干问题的解释（一）》规定,国家机关工作人员实施渎职犯罪并收受贿赂,同时构成受贿罪的,除刑法另有规定外,以渎职犯罪和受贿罪数罪并罚。国家机关工作人员实施渎职行为,放纵他人犯罪或者帮助他人逃避刑事处罚,构成犯罪的,依照渎职罪的规定定罪处罚。国家机关工作人员与他人共谋,利用其职务行为帮助他人实施其他犯罪行为,同时构成渎职犯罪和共谋实施的其他犯罪共犯的,依照处罚较重的规定定罪处罚;国家机关工作人员与他人共谋,既利用其职务行为帮助他人实施其他犯罪,又以非职务行为与他人共同实施该其他犯罪行为,同时构成渎职犯罪和其他犯罪的共犯的,依照数罪并罚的规定定罪处罚。

(三) 社区矫正工作人员的职业道德和规范

1. 社区矫正工作人员的职业规范

社区矫正是以实现服刑人员的再社会化为目标,与监禁刑相对的一种非监禁的刑罚执行方式。社区矫正事业的顺利发展必然要求明确社区矫正工作者的法律定位。社区矫正工作者作为执行主体,是专职矫正人员,对矫正全过程进行统筹规划,制定矫正方案,确定阶段矫正目标。《中华人民共和国社区矫正法》（以下简称《社区矫正法》）规定,社区矫正工作坚持监督管理与教育帮扶相结合,专门机关与社会力量相结合,采取分类管理、个别化矫正,有针对性地消除社区矫正对象可能重新犯罪的因素,帮助其成为守法公民。

社区矫正机构工作人员应当具有相应的文化素质。鉴于社区矫正工作的特殊性,作为主导社区矫正执行的社区矫正机构工作人员,必须有一定的学历水平。除了早期负责社区矫正的老工作人员和从原政法队伍中选调的人员以外,新招录的社区矫正机构工作人员必须具备本科及以上学历。在美国、加拿大等国家招录的假释官和缓刑官中,学位都要求学士及以上,甚至有相当一部分是犯罪学、刑事执法等相关专业的硕士学位。总体上而言,美国负责社区矫正工作的官员学历水平高于监狱工作者的平均水平。我国目前已经培养大批文科专业本科生与研究生,招录有法学、犯罪学、心理学、社会学等专业基础的社区矫正机构工作人员,这既可以保证新入职社区矫正机构工作人员的质量,也可以解决相关专业学生的就业问题,防止潜在专业人才流失。

社区矫正机构工作人员应当具有工作需要的专业素质。社区矫正执法与监狱执法相比,更具有复杂性。社区矫正机构工作人员首先应当掌握社区矫正执法中的基本程序和内容,其次应当把握在社区中对罪犯进行改造和矫治的特点与规律。由于社区矫正人员在社区中接受矫治,对其矫正效果的好坏直接影响到社区居民切身安全,这对社区矫正机构工作人员的工作能力提出了更高的要求。除了执法的专业能力,社区矫正机构工作人员对在社区中的工作方法也应当有更多的把握,对社区的文化建设、人口特点、环境状况等有一个整体的掌握,充分利用社区资源对社区矫正人员进行管理,对犯罪行为进行预防。在国外,一些国家的社区矫正机构工作人员还负责本社区内的社区矫正工作宣传、法制宣传等工作,增进社区居民对社区矫正工作的理解与支持。我国《社区矫正法》第四条第二款规定,社区矫正工作应当依法进行,尊重和保障人权。社区矫正对象依法享有的人身权利、财产权利和其他权利不受侵犯,在就业、就学和享受社会保障等方面不受歧视。

社区矫正机构工作人员应当具有一定的应变能力,对不同年龄、性别、文化程度的人员进行个性化矫正。《社区矫正法》明确规定,社区矫正机构应当根据裁判内容和社区矫正对象的性别、年龄、心理特点、健康状况、犯罪原因、犯罪类型、犯罪情节、悔罪表现等情况,制定有针对性的矫正方案,实现分类管理、个别化矫正。矫正方案应当根据社区矫正对象的表现等情况相应调整。社区矫正机构应当根据社区矫正对象的情况,为其确定矫正小组,负责落实相应的矫正方案。根据需要,矫正小组可以由司法所、居民委员会、村民委员会的人员,社区矫正对象的监护人、家庭成员,所在单位或者就读学校的人员以及社会工作者、志愿者等组成。社区矫正对象为女性的,矫正小组中应有女性成员。社区矫正机构工作人员应积极发挥主观能动性,这有利于其在实践中发现问题、总结经验、解决问题,实现矫正的目的。

2. 法律责任

(1) 对未成年人的特殊保护

针对未成年矫正对象,《社区矫正法》第五十二条规定,社区矫正机构应当根据未成年社区矫正对象的年龄、心理特点、发育需要、成长经历、犯罪原因、家庭监护教育条件等情况,采取针对性的矫正措施。社区矫正机构为未成年社区矫正对象确定矫正小组,应当吸收熟悉未成年人身心特点的人员参加。对未成年人的社区矫正,应当与成年人分别进行。同时,《社区矫正法》第五十三条规定,未成年社区矫正对象的监护人应当履行监护责任,承担抚养、管教等义务。监护人怠于履行监护职责的,社区矫正机构应当督促、教育其履行监护责任。监护人拒不履行监护职责的,通知有关部门依法作出处理。

社区矫正人员负有对未成年人信息的保密义务,《社区矫正法》第五十四条规定,社区矫正机构工作人员和其他依法参与社区矫正工作的人员对履行职责过程中获得的未成年人身份信息应当予以保密。除司法机关办案需要或者有关单位根据国家规定查询外,未成年社区矫正对象的档案信息不得提供给任何单位或者个人。依法进行查询的单位,应当对获得的信息予以保密。由此,社区矫正机构工作人员在面对未成年矫正对象时,应当与成年人分别进行,督促其监护人对其进行教育及监护责任,并注意未成年人的隐私保密工作。在成立矫正小组时,以矫正对象为参照进行构建,通过具有相同特点的工作人员贴近矫正对象的内心,促进矫正工作完成。

(2) 禁止性行为

《社区矫正法》第六十一条规定:"社区矫正机构工作人员和其他国家工作人员有下列行为之一的,应当给予处分;构成犯罪的,依法追究刑事责任:(一)利用职务或者工作便利索取、收受贿赂的;(二)不履行法定职责的;(三)体罚、虐待社区矫正对象,或者违反法律规定限制或者变相限制社区根据矫正对象的人身自由的;(四)泄露社区矫正工作秘密或者其他依法应当保密的信息的;(五)对依法申诉、控告或者检举的社区矫正对象进行打击报复的;(六)有其他违纪违法行为的。"此条款对社区矫正机构工作人员的行为加以范围限制,制定行为标准和明确的行为规范,有利于构造更加法治化的社区矫正氛围。

(3) 受贿行为的处罚

《刑法》第三百八十五条、第三百八十八条等对国家工作人员受贿罪及相应处罚进行了规定。社区矫正工作人员同样属于国家工作人员,代表国家法治队伍的形象,不应收受贿赂,必须具备清廉公正的职业态度,遵循法律规定,执行对应职责。

(4) 社区矫正人员渎职行为的处罚

《刑法》第三百九十七条规定了国家机关工作人员滥用职权罪,这同样适用于社区矫正机构工作人员。社区矫正具有惩罚和教育双重属性,本质上仍属于刑事执法活动,为加强监督和管理工作,在实务中需要恰当地协调和把握其惩罚和矫正两个方面的属性,以有利于我国社区矫正工作的良性发展,由此对于社区矫正工作人员的职权一定要将其"放在盒子里",以法律的惩罚性来规制职权的正当行使。

《社区矫正法》和《刑法》均对社区矫正工作人员的职业道德提出要求,在符合国家工作人员的职业规范上,制定了更贴合其职业特性的法律条款,进一步推进和规范了社区矫正工作。

（四）法律援助人员的职业道德和规范

在我国，司法部于 1994 年首次公开提出建立中国法律援助制度的设想，1996 年《刑事诉讼法》《律师法》确立了法律援助制度在我国法律体系中的地位，2003 年国务院《法律援助条例》颁布实施，这标志着我国法律援助制度进入了加快发展的新历史时期。

法律援助是指对于因为经济上的困难无力支付法律服务费用的当事人，或者由于其他原因无法接受法律服务的当事人，国家对其免收或者减缓法律服务费用，为其提供法律帮助的一项法律制度。法律援助作为一项国家制度，从本质上来看是一种国家责任与社会责任的体现，其中以国家责任为主、社会责任为辅。从表现形式上来看，法律援助是给经济困难者以经济上的支持，为其提供专业的法律服务上的援助，使其享有的法定权利在现实生活中得以实现。

法律援助的意义在于追求社会的公平与正义，法律服务行业的发展水平关乎国家民主与法治的建设。律师职业与其他职业不同，其与社会利益、国家的发展和稳定密切相关。法律本身是社会各阶层利益调和的产物，是统治阶级利益的集中体现，律师在法律援助中所提供的法律服务是为社会、为国家服务的。所以，律师法律援助职业道德与其他行业的职业道德相比较，则表现出更多的阶级性和法定性。在《律师法》《律师执业行为规范》《律师职业道德和执业纪律规范》中都规定了律师有法律援助的义务，并要在法律援助中尽职尽责地提供法律服务。

1. 法律援助人员的职业规范

（1）法律援助行为

《法律援助条例》第二十一条规定，法律援助机构可以指派律师事务所安排律师或者安排本机构的工作人员办理法律援助案件；也可以根据其他社会组织的要求，安排其所属人员办理法律援助案件。对人民法院指定辩护的案件，法律援助机构应当在开庭 3 日前将确定的承办人员名单回复作出指定的人民法院。在现实国情下，我国把法律援助确定为律师的法定义务，使国家能够保障法律援助制度的有效实施。

《律师法》第四十二条规定，律师、律师事务所应当按照国家规定履行法律援助义务，为受援人提供符合标准的法律服务，维护受援人的合法权益。《法律援助条例》第六条规定，律师应当依照律师法和本条例的规定履行法律援助义务，为受援人提供符合标准的法律服务，依法维护受援人的合法权益，接受律师协会和司法行政部门的监督。律师具有承担法律援助的义务，应尽职尽责为受援人提供法律服务。从法律义务的意义上理解法律援助,体现了法律对律师履行法律援助义务的强制性。法律援助强制性的目的旨在从制度层面上保障司法公正,是保证实现"法律面前人人平等"的庄严承诺而做出的必然选择。法律援助人员提供法律援助活动,一方面能使没有支付能力的人获得法律服务,进入司法救济程序;另一方面在于追求社会的公平正义,这也是法律援助制度更深层次的指向。

(2) 忠于法律

遵守宪法和法律是每一位中国公民必须履行的义务,作为提供法律援助服务的人员应更规范地遵守宪法和法律。《律师职业道德和执业纪律规范》规定,律师应当遵守宪法和法律,坚持以事实为根据,以法律为准绳,严格依法执业。同样,《全国刑事法律援助服务规范》规定,法律援助机构受理、审查刑事法律援助申请以及指派刑事法律援助承办机构提供刑事法律援助服务,刑事法律援助承办机构提供刑事法律援助服务,应严格遵守法律法规、规章制度和行业规范,符合法定程序,维护法律权威和司法公正,维护法律援助的形象和声誉。坚持做到这一点,既是国家对其在执业中的要求,又是做好各种业务工作的保障,这样做才能保证案件质量,维护法律的地位,得到人民群众的尊重和依赖。

(3) 忠于职守、尽职尽责

《关于民事诉讼法律援助工作的规定》规定,承办法律援助案件的人员在办案过程中应当尽职尽责,恪守职业道德和执业纪律;法律援助机构应当对承办法律援助案件的人员的法律援助活动进行业务指导和监督,保证法律援助案件质量;人民法院在办案过程中发现承办法律援助案件的人员违反职业道德和执业纪律,损害受援人利益的,应当及时向作出指派的法律援助机构通报有关情况。《全国刑事法律援助服务规范》对法律援助行为的效率加以了强调,法律援助机构应遵循一次性告知、限时办理的规定;承办律师根据案情及受援人需求,及时通过咨询、调解、诉讼等服务方式,尽职尽责提供刑事法律援助服务,维护受援人合法权益。《律师职业道德和执业纪律规范》也规定,律师应当诚实守信、勤勉尽责,尽职尽责地维护委托人的合法利益。法律援助的目的仍是保障受援人的合法权益,法律援助人员应在客观事实的基础上呈现职业使命感,这也是作为法律职业者的首要的、最基本的职业道德规范。

(4) 保守秘密

法律援助人员在提供法律服务时,享有比普通的诉讼参与人更加广泛的诉讼权利,了解更多参与人的信息,这个过程中可能了解到与案件有关的多种秘密,尤其是面对特殊人群，如未成年人，更应加倍谨慎，保护受援人的合法权益，以防造成其他的恶劣后果。这要求法律援助人员具备良好的职业素养，以自身的行为，取得受援人以及社会的信任，成为保护弱者的正义使者。

(5) 高度的社会责任感

法律援助这一活动来自政府的要求，《法律援助条例》规定，法律援助是政府的责任，县级以上人民政府应当采取积极措施推动法律援助工作，为法律援助提供财政支持，保障法律援助事业与经济、社会协调发展。法律援助人员作为这一活动的践行者，由于存在法律规定上的义务，往往很少能够得到经济报酬，故对于从事此项活动更要求其具备高度的社会责任感，主要体现在以下方面：一是在执业过程中坚持正确的主张或真理；二是坚持维护正义原则，律师应该成为真理和正义的维护者；三是愿为他人做出奉献和牺牲。高度的社会责任感体现了法律援助人员对自身法律援助活动的自觉性，对于个人是经验与荣誉的锻炼，对于社会是正义与公平的实现。

2. 法律责任

(1) 律师按规定提供法律援助

《律师法》第四十七条规定，若律师拒绝履行法律援助义务的，由设区的市级或者直辖市的区人民政府司法行政部门给予警告，可以处五千元以下的罚款；有违法所得的，没收违法所得；情节严重的，给予停止执业三个月以下的处罚。《律师法》第五十条规定，若律师事务所拒绝履行法律援助义务的，由设区的市级或者直辖市的区人民政府司法行政部门视其情节给予警告、停业整顿一个月以上六个月以下的处罚，可以处十万元以下的罚款；有违法所得的，没收违法所得；情节特别严重的，由省、自治区、直辖市人民政府司法行政部门吊销律师事务所执业证书。法律援助活动具有缓解社会矛盾、调节社会关系的重要作用，也是完善社会法律保障体系建设的重要组成部分。通过对特定人群规定法律援助义务，从而构建更加完善的社会法律保障体系，有利于保障弱势群体、提高社会稳定度、实现社会机制高效率运行，同时也对社会主义市场经济的良性发展保驾护航。

(2) 法律援助人员不得收取财物

《法律援助条例》第二十二条规定，办理法律援助案件的人员，应当遵守职业道德和执业纪律，提供法律援助不得收取任何财物。这一规定体现了政府对宪法赋予公民基本权利的保障，对弱势群体提供必要的制度保障，以实现全体公民享有其合法的法律权利，实现法律面前人人平等。而作为国家法律援助制度的具体执行者，法律援助人员应当站在国家稳定、社会和谐的高度,充分体现法律援助行为具备的高度社会责任感;从自愿的情感出发,以极大的热情和敬业精神给予贫弱者无偿援助,出色地完成法律援助活动。只有这样,才能克服援助活动中遇到的困难,进而真正维护社会公平正义。

五、附件讨论与参考文件

(一) 许某受贿、徇私舞弊案

1. 案件简介

许某曾经是某省某监狱分监区监区长,因涉嫌犯受贿罪、徇私舞弊减刑罪,于 2015 年 4 月 27 日经当地公安部门侦查,并于 2016 年 6 月 28 日由人民检察院决定逮捕。经人民法院审理认定,2007 年 8 月至 2013 年 9 月,被告人许某在担任分监区监区长期间,接受罪犯或罪犯亲属的请托,利用管理分监区罪犯的职务便利,收受罪犯许某、宋某、郭某、欧某、田某、苏某、夏某、姚某、公某、程某、吴某、杨某、朱某、谭某及其亲属共计人民币 61500 元,为其谋取利益。明知罪犯夏某、苏某在监狱内私藏、使用现金,不符合减刑条件,在收受财物后故意隐瞒其违纪的事实,发表同意呈报减刑的意见,致使罪犯夏某、苏某违规获得减刑。

人民法院认为,被告人许某的行为已构成受贿罪和徇私舞弊减刑罪。许某在判决宣告以前一人犯数罪的,应当实行数罪并罚。被告人许某对受贿罪表示认罪,可以视其认罪态度酌情从轻处罚。被告人许某在案发前后退了部分赃款,可以酌定对其从轻处罚。依照《刑法》第十二条第一款、第三百八十五条第一款、第四百零一条、第三百八十六条、第三百八十三条第一款第(一)项和第二款、第六十九条第一款、第六十四条,《最高人民法院 最高人民检察院关于办理贪污贿赂刑事案件适用法律若干问题的解释》第一条第一款、第十七条、第十九条第一款,以及《最高人民法院 最高人民检察院关于办理渎职刑事案件适用法律若干问题的解释(一)》第三条的规定,作出以下判决:被告人许某犯受贿罪,判处有期徒刑九个月,并处罚金人民币 10 万元;犯徇私舞弊减刑罪,判处有期徒刑六个月;决定执行有期徒刑一年一个月,并处罚金人民币 10 万元;被告人许某已退违法所得人民币 15500 元,予以追缴,上缴国库,继续追缴其违法所得人民币 31000 元。

2. 案件分析

被告人许某身为国家工作人员,利用职务之便,非法收受他人财物共计人民币

61500元,为他人谋取利益,其行为已构成受贿罪。被告人许某身为司法工作人员,为徇私利,故意帮助罪犯隐瞒私藏、使用现金的严重违纪事实,明知罪犯不符合减刑条件,却发表其符合减刑条件的意见,从而使得不符合减刑条件的材料得以形成并顺利呈报,致使罪犯违规获得减刑,其行为已构成徇私舞弊减刑罪。

(二) 林某徇私舞弊暂予监外执行案

1. 案件简介

被告人林某,原系某省监狱第三监区监区长,2008年11月1日,因涉嫌徇私舞弊暂予监外执行罪被刑事拘留,2008年11月14日被逮捕。

2003年12月,高某因犯合同诈骗罪,被某市某区人民法院判处有期徒刑十二年,2004年1月入某省监狱服刑。服刑期间,高某认识了服刑犯人赵某,并请赵某为其办理保外就医。赵某找到时任监狱第三监区监区长的被告人林某,称高某愿意出钱办理保外就医,让林某帮忙把手续办下来,林某答应帮助沟通此事。之后赵某找到服刑犯人杜某,由杜某配制了能表现出患病症状的药物。在赵某的安排下,高某于同年3月24日服药后"发病"住院。林某明知高某伪造病情,仍找到监狱刑罚执行科的王某(另案处理),让其为高某办理保外就医,并主持召开了对高某提请保外就医的监区干部讨论会。会上,林某隐瞒了高某伪造病情的情况,致使讨论会通过了高某的保外就医申请,然后其将高某的保外就医相关材料报到刑罚执行科。期间高某授意其弟向林某行贿人民币5万元。2004年4月28日,经监狱呈报,该省监狱管理局以高某双肺肺炎、感染性休克、呼吸衰竭等为由,批准高某暂予监外执行一年。同年4月30日,高某被保外就医。2006年5月18日,高某被收监。

2008年10月28日,该省人民检察院系统对林某涉嫌徇私舞弊暂予监外执行一案立案侦查。2009年8月4日,人民检察院以林某涉嫌徇私舞弊暂予监外执行罪向当地人民法院提起公诉。2009年10月20日,人民法院作出刑事判决,以被告人林某犯徇私舞弊暂予监外执行罪,判处有期徒刑三年。

2. 案件分析

本案被告人林某身为监狱工作人员,利用职务之便,非法收受他人财物,违背了司法工作人员的职业伦理和《监狱法》的规定。同时其行为触犯了《刑法》第四百零一条的规定,在收受贿赂的同时,对不符合减刑、假释、暂予监外执行条件的罪犯予以减刑、假释、暂予监外执行,构成了徇私舞弊减刑、假释、暂予监外执行罪,应处三年以下有期徒刑或者拘役;情节严重的,处三年以上七年以下有期徒刑,依法应追究刑事责任。

(三) 梁某枉法裁判案

1. 案件简介

梁某是某县总工会法律援助中心原主任、县劳动争议仲裁委员会兼职仲裁员。2010年8月,杨某等人利用自己和他人身份证,虚构了某公司拖欠杨某等26名工人工资的事实,并伪造了相关工资欠条以及结算清单,然后向县劳动争议仲裁委员会提出劳动仲裁申请。作为首席仲裁员的梁某与其他仲裁人员在审理这26件仲裁案时,接受他人说情,明知该案已超过一年的劳动仲裁时效、所提供的材料系虚假证据,却没有驳回仲裁申请,没有依照法定程序进行合议,对伪造的证据予以采信,并于2010年11月8日作出了26份虚假仲裁裁决书,总金额达人民币2065600元。该县人民法院经过开庭审理后,第一审判处梁某犯枉法仲裁罪,但认为情节轻微,免予刑事处罚。该县人民检察院审查后认为,梁某在整个犯罪实施过程中所起的作用较大,第一审人民法院所认定梁某犯罪情节轻微、适用法律错误、量刑畸轻,遂依法提请市人民检察院抗诉。市中级人民法院经审理改判梁某犯枉法仲裁罪,判处有期徒刑二年,缓刑三年。

2. 案件分析

我国《刑法》第三百九十九条规定,依法承担仲裁职责的人员,在仲裁活动中故意违背事实和法律作枉法裁决,情节严重的,处三年以下有期徒刑或者拘役;情节特别严重的,处三年以上七年以下有期徒刑。本案中,梁某身为依法承担仲裁职责的人员,故意违背事实和法律,对明知是伪造的证据予以采信,作出枉法裁决,涉案标的额达人民币200多万元,已严重扰乱了仲裁程序,降低了仲裁机关的威信及群众对仲裁活动公正性的依赖,并对被申请人的其他债权人的权利造成威胁,依法应承担相应的刑事责任。

(四) 参考文件

1.《中华人民共和国刑法》

2.《中华人民共和国公务员法》

3.《人民检察院司法警察条例》

4.《关于新形势下加强司法行政队伍建设的意见》

5.《中华人民共和国人民警察法》

6.《中华人民共和国监狱法》

7.《监狱劳教人民警察执法过错责任追究办法(试行)》

8.《监狱人民警察六条禁令》

9.《中华人民共和国公职人员政务处分法》

10.《中华人民共和国社区矫正法》

11.《法律援助条例》

12.《中华人民共和国律师法》

13.《关于民事诉讼法律援助工作的规定》

14.《全国刑事法律援助服务规范》

15.《关于反对律师行业不正当竞争行为的若干规定》